AF545500

Nicolás Gómez Dávila

Texte

Romanica

Nicolás Gómez Dávila

Texte
und andere Schriften

Textos I
De Iure
El Reaccionario Auténtico
Salomon

Aus dem Spanischen von Herminio Redondo

Mit einem Nachwort von
Till Kinzel

und einer Bibliographie von
Franco Volpi

MMXVIII

Nicolás Gómez Dávila

Texte

und andere Schriften

Durchgesehene und
vermehrte Ausgabe

Karolinger Verlag
Wien und Leipzig

Gesamtherstellung:
perfectprintconsult

Einband:
Peter Alba

Satz:
Ecotext-Verlag Wien

ISBN 3-85418-181-1

Inhalt

Vorbemerkung zur Neuauflage
7

Texte
9

De Iure
127

Der authentische Reaktionär
159

Salomon
169

Till Kinzel
Nicolás Gómez Dávila als Gegen-Aufklärer
173

Biographische Notiz
183

Franco Volpi
Bibliographie
187

Vorbemerkung zur Neuauflage

Diese zweite Auflage des 2003 erstmals auf Deutsch erschienenen Bandes wurde um das Prosastück „Salomon“ und um umfassende Nachträge zur Bibliographie der Primär- und Sekundärliteratur erweitert, für die vor allem Till Kinzel zu danken ist.

Das Prosagedicht „Salomon“ stammt aus dem Nachlaß des Autors und erschien unter der Bezeichnung *Un Poema inédito de Nicolás Gómez Dávila* erstmals in der Zeitschrift *El Tiempo*, Bógota 2013, auf Deutsch 2014 in *Nicolás Gómez Dávila, Scholien. Ein Nachtrag*, in unserem Verlag.

TEXTE

DER MENSCH WIRD ALS REBELL GEBOREN. Seine eigene Natur stößt ihn ab.

Der Mensch sehnt göttliche Immanenz herbei. Die ganze Welt wäre ein ungenügendes Gefäß seines unerbittlichen Verlangens.

Aber der Mensch ist nicht die einzige uneingrenzbare Gier nach Leben. Alles im Universum will herrschen; und jede einzelne Existenz möchte sich bis zur Totalität des Seins ausdehnen. Das elendste Tier, das ohne Einschränkungen seinem Fieber ausgeliefert ist, würde den Weltraum für sich in Besitz nehmen und die Sterne vertilgen. In den Pfützen am Wege gibt es kurzlebige Organismen, die in sich die Möglichkeit tragen, den Himmel zu besitzen.

Dem Sein wohnt keine Grenze inne; kein Verlangen erklärt sich selbst für befangen. Jeder Verzicht entsteht aus einem Hindernis; jedes Entsagen aus einer Ablehnung. Das Universum ist ein System gegenseitiger Begrenzungen, in dem das Objekt sich aufbaut wie eine Spannung von Konflikten. Die Gewalt, der grausame Diener der durch die Grenze bestimmten Essenz der Dinge, bestimmt die Normen der aktualisierten Existenz.

Wenn aber das Eingreifen fremder Gegenwarten mögliche Unendlichkeiten beschneidet und zerbricht, dann ist unsere schwache Seele nur einen Bruchteil jener Taten fähig, von denen sie träumt. Alles in der Welt ist Grenze, Zielpunkt, Ende.

Unsere irdische Lehrzeit ist eine ausführliche Enteignung. Jede Abenddämmerung entkleidet uns. Unser

Streben richtet sich auf immer kleiner werdende Kleinigkeiten. Leben heißt nicht erwerben, sondern entsagen.

Alles ist Herausforderung, auf daß sich unser Unvermögen zu erkennen gibt; alles ist Schranke, auf daß unsere Schwäche bemerkt und angenommen werde. Zwischen unserem unbeherrschten Hunger und der Frucht, die ihn stillt, spannt eine kleine Entfernung einen Raum groß wie das Unendliche. Unser tiefster Wunsch ist unsere sicherste Unmöglichkeit.

Unser Leben löst sich in jeder einzelnen seiner Gesten auf und überläßt dem Limbus Ausgeburten ohne Zahl. Wir leben, indem wir Larven verscheuchen, denen es nach unserem Blute dürstet. Unser Schicksal ist der Druck, den die steinerne Dauerhaftigkeit einer toten Freiheit ausübt; jede Wahl versperrt die nicht gewählten Richtungen; in jedem einzelnen von uns stöhnen die erstickten Phantome, die wir nicht wurden.

Die unerschütterliche und bleiche Option herrscht in jedem Augenblick.

Wir streben danach, gegensätzliche Dinge in gleichzeitigem Besitz zu vereinigen und zu verschmelzen, aber die unerbittliche Forderung nach kohärenten Handlungen spaltet unser Verlangen nach monströsen Verbindungen und erdrückt es. Die Unvereinbarkeit gegensätzlicher Befriedigungen löscht die köstliche Unordnung unserer Begierden aus.

Aber wenn die Gleichzeitigkeit uns betrügt, dann verbietet uns die Zeit eine nachfolgende Erfüllung. Jede Tat ist Zeugung, und niemand vermag ihre Folgen, aufzuheben. Der Hauch des Vergangenen durchdringt uns. Unfähig, an die Scheidewege unserer Vergangenheit zurückzukehren, vermögen wir nicht, durch die Zeit zu wandeln wie durch einen dunklen Korridor. Das Leben weiß nichts von Reue; und es hat vergessen, in seinen vergänglichen Tempeln Beichtstühle aufzustellen.

Die Jahre sind unsere aufeinander folgenden Gefängniszellen. Das Leben zeichnet eine Spirale aus dem Unendlichen unserer Ambitionen bis in das Grab, wo sich ihre Spitze hinsenkt. Unsere Opfer nehmen die letzte Starre vorweg.

Wir sind dennoch Angeklagte, verurteilt, unser eigenes Urteil zu fällen. Der Mensch kann sich nicht seinem Lebensweg hingeben, wie der Stein sich der parabolischen Kurve ausliefert, die ihn der Erde zurückgibt. Das Leben ist kein ebener Weg zwischen Mauern; sondern der Pfad, der wie unsere Spuren durch unsere Schritte entsteht.

Der Mensch ist ein verlorenes Tier, ohne ein verlassenes Tier zu sein. Der Mensch weiß nicht, wohin er gehen soll, gleichwohl hat er die Pflicht, anzukommen. Eine unhörbare Stimme drängt ihn. Der Mensch weiß erst, ob er die Pflicht erfüllt, nachdem er dem Scheitern trotzte.

Wir sind frei, uns die unterschiedlichsten Ziele zu setzen, wir sind frei, die widersprüchlichsten Taten zu vollbringen, frei um einzudringen in die dunkelsten Urwälder, aber unsere Freiheit ist bloß eine Freiheit zu irren. Wenn wir es auch vermögen, das in unserem Fleisch eingeschriebene Versprechen zu verstümmeln – es überragt die Macht unseres dienenden Willens, es selbst festzulegen.

Die Freiheit erhebt sich nicht als himmlische Plattform, auf daß sich der Mensch von ihr ausgehend eine willkürliche Bahn zwischen den Sternen zeichne. Freiheit bedeutet nicht die Macht, Ziele festzulegen, sondern sie zu verfehlen.

Freiheit ist unser Risiko, das edle Privileg, unsere Pflicht nicht zu erfüllen. Das Tier schreitet, unerschütterlich, hin zur Vollkommenheit seines Wesens; und die Materie verwirklicht ihr Wesen durch ihre bloße Existenz. Der Mensch erbebt und taumelt an der Grenze seiner selbst. Niemals ist er die Zielscheibe, worin der eingedrungene Pfeil zittert; sondern ein spitzer Pfeil im Winde.

EINE PHILOSOPHIE, DIE SICH NICHT MIT UNreinen Geschäften bescheidet, geht Gefahr, nur sich selbst zu beglücken.

Durch die Präzision geblendet, die sie erreicht, indem sie genauen technischen Vorgaben folgt, pflegt sie mit Geschick jene Fragestellungen auszuwählen, mit denen sich auseinanderzusetzen ihr zusagt. Die Wichtigkeit, die sie ihnen unterstellt, die Dringlichkeit, die sie ihnen zumißt, gehorchen keinem anderen Kriterium als der Fügsamkeit, mit der sich die Probleme den Forderungen der so sorgfältig ausgearbeiteten Methode unterwerfen.

Taub also dem Geheimnis gegenüber, das aus dem alltäglichen Halbdunkel nach ihr ruft, überhört die Philosophie die dunkle, unbewegliche und rauhe Frage, um sich dem Ehrgeiz eleganter und präziser Lösungen zu überlassen. Das Streben nach peinlich genauer Strenge der Vernunftschlüsse korrumpiert diese Philosophie, die mehr nach Spitzfindigkeit denn nach Tiefe strebt und die eher einfallsreich denn hartnäckig ist.

Die Philosophie bereichert sich um den Preis, das Leben hinter sich zu lassen. Der Mensch, durch diese ehrgeizige Beschränkung seiner natürlichen Mittel beraubt, einem fruchtlosen Sieg dargebrachtes Opfer, nimmt als Lösung seiner dringendsten Probleme eine Struktur hin, in welcher der Druck ausgeglichen wird, der von rohen und primitiven Lastern ausgeübt wird.

Unsere irdische Natur duldet aber nicht, daß der Mensch die Probleme verachtet, die eine durch ihre Integrität und Reinheit eitel gewordene Philosophie beiseite schiebt; wenn die Philosophie nachgibt, herrschen mit naiver Dreistigkeit die losgelassenen Instinkte. Die Philosophie darf nicht nur der Stern durchwachter Nächte sein.

Um sich vor ihren gefährlichen Triumphen zu schützen, ziemt es der Philosophie, sich an das Nachdenken über Gemeinplätze zu machen. Das ist der Preis ihrer und unserer Gesundheit.

Nichts ist fürwahr so unklug und dumm wie die allgemeine Verachtung des Gemeinplatzes.

Zweifellos verkünden die Gemeinplätze triviale Behauptungen, aber sie als bloße Formeln zu verschmähen heißt, die unzureichenden Lösungen, die sie anbieten, mit den authentischen Fragen zu verwechseln, die sie unermüdlich wiederholen. Gemeinplätze drücken nicht die Wahrheiten eines beliebigen Menschen aus, sondern die Probleme aller.

Die Weisheit, die die Menschheit in ihren Gemeinplätzen verdichtet, ist nicht sosehr die Summe ihrer Erfolge, als vielmehr der Erfahrungsschatz ihrer Bemühungen. Was uns der Gemeinplatz präsentiert, ist die Evidenz eines Problems, die unermüdliche Beständigkeit einer bleibenden Frage.

Wenn wir auf festem Boden einem eindeutigen Ziel entgegen wanderten, dann wären die Gemeinplätze der passende Katechismus für den Menschen; doch auf wankender Steppe rufen die Gemeinplätze den neuen Generationen das allgemeine Leid der vergangenen Geschlechter ins Gedächtnis. Die Trivialität der Lösungen selbst läßt uns mit unbeugsamer Grausamkeit angesichts des Ernstes der in ihnen verborgenen Fragen regungslos sein.

Die endlose Wiederholung einer nichtssagenden Formel kann nur auf tiefe Bedürfnisse zurückzuführen sein.

Man mag über die Gültigkeit einer Lösung streiten, auch wenn sie unter dem Schutz allgemeiner Anerkennung steht; allein die Allgemeinheit eines Problems genügt, um seine Wichtigkeit zu erweisen, und die bestgewappnete Skepsis kann lediglich erreichen, das Problem von seinem scheinbaren Ort an seinen wahren Platz zu rücken.

Wie immer er sich verkleide: der Gemeinplatz ist eine stillschweigende Einladung, über seine Grenze nachzugrübeln.

DER MENSCH KANN SICH DER ZEIT NICHT überlassen; er ist gefesselt vom Vorüberziehen der Hügel und läßt sich als verzückter Reisender auf ihren stillen Gewässern treiben.

Jeder Augenblick unterwirft ihn der radikalen Zusammenhanglosigkeit der Welt, denn jede Lage, in der er sich befindet, verwundet sein friedloses Herz.

Alles im Menschen ist Wunsch, Verlangen, Ungestüm, Habgier. Der Mensch ist unsterblicher, rauschhafter Ehrgeiz nach heiterer Fülle. Das harte, glatte, glänzende Mark des Seins ist ihm Delirium, Schicksal und Verlangen.

Doch nicht einmal während der kurzen Verzückung der Lust vermag er, das Unbehagen auszulöschen, das ihn stets begleitet. Er fürchtet die baldige Flucht gerade dessen, was ihn erfüllt, und seine sicheren Güter sind bloße Imitationen, die der Scharfsinn in seiner Leidenschaft entdeckt.

Genügt es also, den Menschen als Summe seiner nackten Begierden zu beschreiben? Als eine gefräßige und grausame Gier nach dem Guten? Genügt es, ihn als einen dunklen Kern von Energien zu betrachten, die sich über die Welt verstreuen?

Um die Wahrheit zu sagen: ich glaube es nicht.

Der Mensch scheint nicht bloß der Brennpunkt seiner ungestümen Taten zu sein, der Herd seiner Feuer, die gespannte Feder seiner Gesten, die abgelegene und einsame Ursache seiner vielfältigen Tätigkeit.

Der Mensch ist eine komplexere und reichere Wirklichkeit.

Der Mensch ist nicht der engelsgleiche Gast, der mitten in eine Larvenmasse stürzte; auch kein im Konkreten seines Fleisches eingeschlossenes Tier; auch nicht der Spiegel einer Phantasmagorie von Massen, die lediglich ihren einsamen materiellen Bahnen folgen. Der Mensch ist nicht das bloße Subjekt, der unbefleckte Beobachter, die einsame, geweitete Pupille im Zentrum des Weltalls.

Der Mensch ist der Wunsch selbst und zugleich das Objekt des Wunsches, beides verbunden in täuschenden Besitzen. Der Mensch ist die unauflösbare Summe seiner heraufbeschworenen Neigungen und seiner aufgerufenen Ziele.

Der Mensch ist die globale, integrale Gesamtheit der menschlichen Natur; der Mensch ist die konkrete Situation, in der er sich befindet. Der Mensch ist nicht das eingeschränkte und herausgelöste Teilstück der totalen Situation, sondern die ungeteilte Totalität.

Die Teilung der Welt in äußere Objekte, denen die Habgier des Subjekts gegenübersteht, ist eine späte Etappe auf der Wanderung des menschlichen Bewußtseins. Die konkrete Existenz geht ihrer Zerstückelung in feindliche Teilstücke voraus. Objekt und Subjekt sind nur künstliche Gebilde unserer Tätigkeit, versteinerte Organe der Totalität, die das Leben zerteilt.

Objekte und Subjekt sind nur im Rahmen einer realen Situation gegeben; Objekte und Subjekt sind die Weisen, wie sich die konkrete Existenz in der wahrgenommenen Existenz ausdrückt.

Ob der Mensch tatsächlich die Objekte von sich weist, um sich in den Raum einer abstrakten Subjektivität einzuschließen, oder, im Gegenteil, sich dem Universum gegenüber erniedrigt und sich lediglich als dessen Spiegelung auffaßt, als sein Echo, sein tönender Widerhall, wie immer nun die gegensätzliche Stellung sei, die er letztlich einnimmt, seine Konstrukte folgen immer erst auf die ungeteilte Fülle, in der – Objekt und Subjekt vereint – die Existenz der konkreten Situation besteht.

Es genügt folglich nicht zu behaupten, der Mensch sei geworfen in eine unlösbare Situation, in sie hineingestellt und in ihr versunken. Es muß mit Nachdruck wiederholt werden, daß der Mensch sein Umstand, seine totale Situation ist, und nichts als seine Situation.

Der ununterdrückbare menschliche Drang, sich zu isolieren und zurückzuziehen, als befände er sich im Tumult seiner konkreten Situation im Exil, ist ein Erfordernis der Situation selbst, eine Forderung ihres Wesens; die Art schließlich, wie die Situation ihre außergewöhnliche Unzufriedenheit mit sich selbst und ihre Unfähigkeit, sich als Fülle anzunehmen, ausdrückt, oder zeigt, obwohl sie sich trotzdem nicht als Totalität zurückweisen kann.

Die Wahrnehmung der totalen Situation als konkrete Realität des Menschen präjudiziert keinen Idealismus. Auch der Realist muß zugeben, daß ihm alles Existierende in einer konkreten Situation gegeben ist, und daß es ihm unmöglich ist, die Existenz aus dem Umfeld seiner menschlichen Situation herauszureißen, gleichgültig welchen Status er ihr nachträglich zugesteht.

Die Situation des Menschen ist also keine äußere Konfiguration von Ereignissen, in der sich der Mensch zufällig wiederfände, sie ist vielmehr die Natur des Menschen selbst; der Mensch ist keine reine Essenz, die einer unreinen und fremden Situation unterworfen wäre, der Mensch ist die Unreinheit seiner menschlichen Natur selbst.

Der Mensch ist seine Bedingtheit, seine gebrochene und zerstörte Bedingtheit.

Da die menschliche Handlung zwischen der Enttäuschung und der Schimäre pendelt, zwischen dem unbesiegbaren Entbehren und dem nichtigen Besitz, erlangt sie keine Fülle. Das Unmögliche, das uns verführt, weist uns ab; das Mögliche, das uns erwartet, widert uns an. Das Scheitern des Menschen ist seine Bedingtheit.

Der Mensch ist ein Wunsch, der mißglückt, eine Sehnsucht, die unerfüllt bleibt; aber der Mensch ist kein Wesen, das zufällig scheitert; der Mensch ist das Wesen, das nicht zum Ziel gelangt; Mensch sein heißt: sein Ziel nicht erreichen.

Die Unmöglichkeit der Erfüllung ist keine zufällige Eigenschaft einer unversehrten Essenz; die Essenz ist das mißglückte Streben. Die Bedingtheit des Menschen besteht in seiner Ohnmacht.

Indem er sich selbst als radikale Ohnmacht erlebt, erlebt sich der Mensch in der Zeit, denn die Zeit ist das konkrete Antlitz der Ohnmacht, ihr sinnlicher und wahrnehmbarer Körper.

Die Zeit ist die gelebte Ohnmacht; die Zeit ist eine Übertragung der essentiellen Ohnmacht des Menschen in die Sprache der Sensibilität; die Zeit ist der konkrete Akt unserer Ohnmacht, der Akt, in dem sich unsere Ohnmacht erkennt und akzeptiert – und zwar nicht als logische Schlußfolgerung aus einer Überlegung über die wiederholte Evidenz des Scheiterns, sondern als Fleisch des Lebens.

In der Natur der Zeit wird die Ohnmacht des Menschen offenbar; und die Natur des Menschen offenbart sich ihrerseits in der Ohnmacht der Zeit. In der Tat: die Zeit ist die Ohnmacht selbst. Die Zeit ist der Ort des unmöglichen Besitzes.

Vergangenheit und Zukunft existieren nur in der Gegenwart; und die Wirklichkeit der Vergangenheit wie die Wirklichkeit der Zukunft sind bloße Realität der Vergangenheit und Zukunft einer Gegenwart. Weder das Kommende noch das Vergangene ähneln unveränderlichen Wegstücken, die die Gegenwart als methodischer Reisender durchwandert. Vergangenheit und Zukunft sind divergierende Spannungen im gespannten Körper der Gegenwart.

Die Gegenwart ist der unersetzliche Ort des Realen; was existiert, existiert nur in ihr. Existieren heißt in der Gegenwart sein, heißt präsent sein. Die Existenz existiert in einer ewigen Gegenwart.

Die Gegenwart ist das saftige Mark der Dinge, die unveränderliche Wohnung des Seins, der lichtvolle Raum, wo die Essenzen wohnen. Die Gegenwart ist die volle und dichte Existenz, die Substanz ohne Minderung, der reine Akt des Wesens, das von großer Begeisterung hingerissen ist.

Aber die zeitlose Gültigkeit, die unaufhörliche Wiederholung, die Jagd nach abgeschafften Augenblicken sind nur fruchtlose und eitle Trugbilder der Gegenwart im Strome der Zeit. Obwohl sie deren Realität und Existenz ist, ist die Gegenwart in Wahrheit dennoch das, was von der Zeit getötet wird, das was die Bestimmung hat zu töten. Indem sie in die Zukunft beißt, wirft die unermüdliche Zeit ihre Gegenwart in den Rachen der Vergangenheit. Auch wenn es der Zeit nicht gelingen mag, die Gegenwart ungeschehen zu machen – da die Gegenwart die einzige Realität, das einzig Existierende ist – und so die Gegenwart eben in ihrer Existenz bestehen muß, um sich auszuhöhlen und zu verlieren; so tötet die Zeit sie dennoch, indem sie sie zwischen Vergangenheit und Zukunft zwängt, indem sie sie in der Fuge zwischen den beiden abstrakten und irrealen Dimensionen erdrückt, wo sie, ein lebloses Gespenst, liegt, als ob sie eine imaginäre Äquatorlinie wäre, die diese Dimensionen voneinander trennt.

Wenn also die reine Gegenwart das ist, was noch in dem Augenblick, in dem es geboren wird, stirbt, wenn unsere konkrete Gegenwart nur ein Knoten von Vorsorgen und Erinnerungen ist, wenn so das *Etamin* der Zeit das Ausgelöschte als Kette hat und das Virtuelle als Schuß, dann vollbringt die Zeit in der unaufhörlichen Abschaffung der Gegenwart jene Tat, in der die Fülle sich aushöhlt, in der die Beständigkeit unbeständig ist und die Existenz inexistent ist.

Die Zeit ist der bestätigende Beweis für die wesenhafte Ohnmacht des Menschen und die Materie, in der sich die menschliche Existenz verwirklicht. In der Zeit, die ihm entflieht, greift der Mensch das Unvollkommene seines Wesens mit Händen. Seine unvermeidbare Geschichtlichkeit ist nicht der Grund seines Scheiterns, sondern seine Realität und sein Symbol. Der Mensch scheitert nicht, weil er in der Zeit lebt; im Gegenteil: der Mensch lebt in der Zeit, weil das Scheitern die Substanz seines Lebens ist, eine Substanz, die sich als Zeit äußert, zeigt und offenbart.

Die Fülle, die mit der Abschaffung der Gegenwart abgeschafft wird, schließt die menschliche Existenz in die Negativität seiner Natur ein. Das Leben des Menschen ist so eine permanente Verneinung des Augenblicks durch den Augenblick selbst, und die Fülle der Präsenz ist seine unerreichbare Grenze, weil jede Handlung, die sie verwirklicht, sie aufhebt.

Daß die menschliche Natur Ohnmacht ist, ist folglich eine unumstößliche Tatsache, aber die bloße Beschreibung der Tatsache würde nicht genügen, wenn es uns gegeben wäre, Gründe oder Ursachen zu entdecken, die jene Tatsache rechtfertigen oder hervorbringen. Doch die inkongruente und unstimmige Natur unseres Wesens setzt sich mit der Grobheit einer höchsten Tatsache durch, und dem Bewußtsein gelingt es nicht, sich hinter der Einfältigkeit der Tatsache, zu einer Erklärung zu erheben, die sie zu zähmen vermöchte, denn das Bewußtsein ist kein hereinflutendes fremdes Licht außerhalb der menschlichen Natur, sondern die menschliche Natur selbst im Vollmaß ihres Elends.

Bewußtsein ist fürwahr die Art, in der die Existenz ihr Scheitern verwirklicht; die Tat, mit der die Existenz sich als wesenhafte Ohnmacht verwirklicht. Das Bewußtsein ist Strukturierung der Ohnmacht und des

Scheiterns. Das Bewußtsein ist die Existenz, die in Form der menschlichen Natur gebrochen ist. Das Bewußtsein ist: sich der Bedingtheit des Menschen bewußt sein.

Im Erwachen des empirischen Bewußtseins spiegelt sich die Tat des absoluten Bewußtseins als Prozeß wider, und wir können sie dort betrachten wie durch ein vergängliches und getrübtes Prisma.

Der pränatalen Erstarrung des Existierenden folgt ein der flüchtigsten Sensibilität unterworfenes Leben, in dem die Existenz ein ständiges Abwechseln totaler Zustände ist. Das Individuum ist ein schwingender und transparenter Mittelpunkt, den die universalen Gegenwarten kreuzen und durchqueren. Auf diese Weise ausgegossen und in ihre gesamte Situation aufgelöst, verhärtet sich die individuelle Existenz als Bewußtsein, wenn ihre krampfhafte Aktivität die Widerstände, die sie behindern und blockieren, zurückwirft. Die Welt ist von Grunde aus das, was ein unmittelbares Erlangen der Beute verhindert.

Das unerreichte Ziel offenbart eine Welt, eine feindliche Ordnung von Gegenwarten, ein Erscheinen des Verschiedenartigen und des Fremden. In der Substanz des Scheiterns selbst bildet die mißglückte Absicht die göttliche Fülle ihres Objektes. Angesichts der Unmöglichkeit der Übersättigung, konzentriert sich das verstreute Verlangen, offenbart sich und gibt dem verbotenen Gut einen begehrenswerten Glanz.

Aber der Schmerz genügt nicht, um das Bewußtsein hervorzurufen.

Das vom Schmerz, der es hemmt, zurückgestoßene Individuum zieht zweifellos eine innere Grenze im weiten, einförmigen Raum. Ein unglückliches Universum bahnt schon die Geste an, die es vor der wirren Summe der Dinge zeigt. Aber bald erstickt der Schmerz das entstehende Bewußtsein in der Agonie, oder das wiederhergestellte Gleichgewicht ertränkt es erneut in der universellen Gegenwart.

Im endlosen Übergang von einer vollständigen Befriedigung zu einer vorübergehenden Unzufriedenheit, entzündet der Schmerz, der das Individuum auf die Jagd nach einem Zustand treibt, der seinem Instinkt gemäßer wäre, in der Undurchsichtigkeit des Seins lediglich ein dämmriges Bewußtsein. Das volle Bewußtsein erscheint erst, wenn eine undefinierbare Unzufriedenheit dem Schoß der konkreten Fülle der Tat entspringt.

Das Bewußtsein isoliert sich und trennt sich von der Tat selbst, die es mit Totalität verwirrt, welche sie täuscht, wenn im selben Augenblick, da das Wesen im vor Leidenschaft brennenden Frieden seiner erfüllten Wünsche sich ausruht, in der Erfüllung selbst eine innere Leere erscheint, eine mit der unversehrten Fülle wesenhaft verbundene Schmälerung der Erfüllung, die seine reine Vollendung erniedrigt.

Um sich zu begründen, genügte es dem empirischen Bewußtsein nicht, jede Identität mit dem universellen Inhalt seiner inneren Zustände zu verschmähen; nur die Unzufriedenheit, die es in seinen vollkommensten Zuständen findet, führt es dazu, jede Identität mit seinen eigenen Zuständen abzulehnen. Die scheinbare Fülle, die sich unfähig zeigt, es zu sättigen, verkündet so ihr Anderssein, denn die bloße und reine Existenz würde sich selbst alles geben oder alles sein. Im geheimen Mangel seines sichersten Glücks keimt das Bewußtsein.

Bewußtsein heißt also sich des Scheiterns bewußt sein, der schließlichen Unmöglichkeit jeden Strebens. Das Bewußtsein des Menschen ist Bewußtsein seiner Ohnmacht, ist Bewußtsein seiner Bedingtheit.

Weil das absolute Bewußtsein selbst der Akt der menschlichen Natur ist, kann das Bewußtsein also keine Gründe vorbringen, die das Scheitern der menschlichen Natur erhellen oder erklären können, sondern muß sich damit begnügen, es zu postulieren, und zwar mit der gleichen Willkür und Notwendigkeit, mit denen sich das Bewußtsein selbst postuliert.

Das absolute Bewußtsein kann tatsächlich nur ein Postulat seiner selbst sein, und die Unmöglichkeit, sich einen Akt vorzustellen, der es erzeugen könnte, ist kein bloßer faktischer Umstand, sondern eine implizite Notwendigkeit seines Wesens.

Alle möglichen Handlungen, wie eben auch die Summe ihrer möglichen Beziehungen, finden sich im Innern des Bewußtseins. Auch das reine Außensein ist ein Blendwerk des Bewußtseins, das auf listige Weise in der Strenge gegenwärtig ist, mit der es seine Abwesenheit ins Werk setzt. Zwischen dem Bewußtsein und irgendeiner möglichen Handlung kann es keine andere Beziehung geben, als diese Handlung zum Objekt zu machen; alle anderen Beziehungen sind nur möglich zwischen Objekten des Bewußtseins selbst. Jeder Versuch, eine der Beziehungen zwischen Objekten in eine Beziehung zwischen einem Objekt und dem Bewußtsein zu verwandeln, ist ein im vorhinein gescheitertes und radikal unmögliches Vorhaben. Das Bewußtsein kann sich selbst nicht als ein Objekt seiner Welt begreifen, und daher ist es weder möglich, eine Erklärung des Bewußtseins zu finden, noch seine absolute Postulierung abzulehnen.

Wenn sich das Bewußtsein zwangsweise zwischen die Begriffe von zeitlichen Abfolgen einfügt, so ist diese Einordnung weder eine Erklärung noch eine Ursache, sondern eine kontingente und gewaltsame Tat. Aber sogar um das bloße Verhältnis von Vorher und Nachher mit den Begriffen herzustellen, die ihm vorausgehen und ihm folgen, muß das Bewußtsein aus sich selbst heraustreten und sich in materieller Form zum Symbol machen. Und selbst wenn es ihm so gelingt, sich zwischen die Dinge zu drängen, wird es zu keinem Zeitpunkt mit seinem Symbol identisch sein, denn die bloße Geste, es zu denken, erniedrigt dieses Symbol zu einem internen Objekt seines unerschütterlichen Bewußtseinsaktes.

In die zeitliche Abfolge gestellt, bleibt das Bewußtsein unberührt, uneingeschränkt, unerlöst. Es ist ein trüber und harter Block in der Kontinuität der Zeit und inmitten der Verkettung der Dinge: kein dialektischer Kunstgriff vermag den Widerspruch aufzulösen, der der Setzung des Subjekts durch sich selbst inmitten seiner eigenen Objekte innewohnt. Gezwungen, sich als Zeit zu erleben, muß das Bewußtsein sich in ihr einrichten, aber nicht einmal die Notwendigkeit, die es mit der Zeit gleichsetzt, kann erreichen, daß die Gründe und Ursachen, mit denen das Bewußtsein die Welt ordnet, es selbst ordnen und es erklären. Zwischen der Weltanschauung, die das Bewußtsein aus der eigenen Mitte heraus erarbeitet, und der Anschauung, die es aufbaut, indem es den konvergierenden Bezug aller Objekte auf sich selbst verschweigt – um sie einzig in den reziproken Beziehungen festzustellen – gibt es weder eine Korrespondenz noch die Möglichkeit, das eine System in das andere zu übersetzen. Dort wo das Bewußtsein seinen zentralen Bezugspunkt ausläßt, besteht es nur noch als abstraktes und irritierendes Symbol, das es selbst – ohne Unterlaß und ohne Erfolg – zu ersetzen versucht – mit dem bloßen Resultat objektiver Prozesse; und dort wo das Bewußtsein sich in seinem zentralen Bezugspunkt einrichtet, erscheint die Gesamtheit der Dinge als eine Summe von Rebellionen, die vom Bewußtsein zwar festgestellt, aber nicht bezwungen werden.

Da also das Bewußtsein sich nicht selbst transzendieren oder erklären kann, vermag es auch nicht die konkrete menschliche Bedingtheit zu erklären und zu transzendieren. Das Bewußtsein ist Bewußtsein dieser Bedingtheit, und die verdorbene, gebrochene und zerstörte Natur des Menschen ist eine endgültige Tatsache, die wir akzeptieren müssen, aber nicht zu verstehen vermögen.

Obwohl das Bewußtsein in seiner absurden Natur verankert ist – und eben weil es ein Bewußtsein dieser seiner absurden Natur ist – kann es sich nicht damit begnügen, passiv den Pressuren nachzugeben, die es antreiben, noch den Zielen, die es anziehen, sondern es muß sich vor allem der eigenen Bedingtheit bewußt werden, sich seiner selbst in der Bestimmtheit seiner Natur bewußt werden.

Das Selbstbewußtsein, welches das Bewußtsein von seiner Bedingtheit erlangt, manifestiert sich nicht als permanenter Bewußtseinsakt, sondern als Haltung sich selbst gegenüber. Das Selbst-Bewußtsein des Bewußtseins ist kein Zustand abstrakter Erkenntnis bzw. eine statische Widerspiegelung seiner selbst. Indem das Bewußtsein sich seiner selbst bewußt wird, erkennt sich das Bewußtsein als Bedingtheit, als Situation, als ein Faktum, das angenommen oder abgelehnt werden kann, der gegenüber aber Enthaltung unmöglich ist. Enthaltung bedeutet Ablehnung, und sich der Ablehnung gegenüber zu enthalten, bedeutet Annahme. Die Annahme und die Ablehnung, als grundsätzliche Verhaltensweisen des Bewußtseins angesichts seiner Bedingheit, bedeuten kein intermittierendes Verhalten, sie sind vielmehr permanente Strukturen des individuellen Bewußtseins.

Gerade in der Annahme bzw. in der Ablehnung drückt sich die Struktur des Bewußtseins aus; und es ist eben Funktion dieser Struktur, daß das Bewußtsein erfaßt, fühlt, wahrnimmt, denkt, wählt bzw. ausschließt. Weder sein Begriff von sich selbst noch sein Weltbild noch seine vielfältigen Optionen sind von der vorherbestimmenden und souveränen Struktur unabhängig. Die Struktur ist ein konkretes Apriori jedes einzelnen Menschen.

Weder die Annahme noch die Ablehnung der menschlichen Bedingtheit sind beschränkte und einfache Gesten: die bloße Ablehnung würde sofortigen Suizid bedeuten und die bloße Annahme ein unmittelbares Vertieren. Gerade weil seine Natur absurd ist, versucht das

Bewußtsein seine Absurdität aufzuschnüren und aufzulösen, und so impliziert die von seiner Natur dem Bewußtsein gebotene Option zugleich eine Rechtfertigung.

Weil es in seiner Bedingtheit nicht ruhen kann, fällt das Bewußtsein eine Entscheidung; und weil es in der Absurdität nicht ruhen kann, bietet das Bewußtsein eine Rechtfertigung. Annahme und Ablehnung implizieren beide einen Bezug auf ein rechtfertigendes Prinzip der menschlichen Natur.

Die Annahme und die Ablehnung werden erarbeitet im dialektischen Prozeß, dem das Bewußtsein den Drang nach Rechtfertigung unterwirft.

Ein Bewußtsein, das seine menschliche Bedingtheit annimmt, nimmt sie notwendig als absurde Natur an, und es kann deren wesenhafte Absurdität nicht ablehnen, ohne zugleich auch seine Natur abzulehnen. Weil es also das innewohnende Absurde, das nach Begründung verlangt, nicht ablehnen kann, muß das annehmende Bewußtsein das begründende Prinzip außerhalb jeder Bedingtheit stellen – als eine transzendente Instanz. Das Bewußtsein bezieht den gesamten Umstand auf diese Instanz, aber die Transzendenz des begründenden Prinzips verlangt, daß das Bewußtsein nicht erwartet, daß es seine Verwirklichung erleben wird, oder aber, daß es sie selbst verwirklicht, sei es im Innern der menschlichen Natur, in der Zeit, in der Geschichte.

Die Verwirklichung des Prinzips schließt die Abschaffung der menschlichen Bedingtheit ein. Für das Bewußtsein, das seine Bedingtheit akzeptiert, kann der Mensch nur außerhalb jedes vorstellbaren Umstandes erlöst werden.

Und umgekehrt: Das Bewußtsein, das seine menschliche Natur ablehnt, da es die Gesamtheit dieser Natur nicht ablehnen kann, ohne sich selbst auszulöschen, lehnt lediglich ihre Absurdität ab. Das ablehnende Bewußtsein hält es für möglich, seine menschliche Natur von der eigenen Essenz trennen zu können, als wäre sein Wesen ein in die absurde Natur gestürztes abstraktes, reines Bewußtsein, und als stellte seine Bedingtheit eine abstrakte und zufällige Situation dar. Das ablehnende Bewußtsein isoliert sich also auf abstrakte Weise von seiner vollständigen Natur und vergißt somit, daß seine Natur das Bewußtsein selbst ist, und glaubt, die Ablehnung der menschlichen Natur bedeute lediglich, eine zufällige Situation abzulehnen, in der sich der Mensch befindet. Indem es die menschliche Natur in reines Bewußtsein und zufällige Situation spaltet, stellt sich das ablehnende Bewußtsein vor, es sei ihm möglich, in verschiedenen Situationen zu existieren. Und da ihm die Absurdität seiner Natur von einer äußeren, fremden Situation abhängig zu sein scheint, glaubt das ablehnende Bewußtsein, es genüge die Situation zu verändern, um die menschliche Natur zu verändern und zu verwandeln.

Das ablehnende Bewußtsein stellt also das begründende Prinzip als immanente Instanz in das Innere der menschlichen Natur selbst. Für das ablehnende Bewußtsein ist das begründende Prinzip reine Immanenz, und der Mensch kann nur im Rahmen seiner eigenen Natur erlöst werden.

Die immanente Instanz wird für gewöhnlich als eine natürliche Bedingung des Menschen verstanden. Auf diese natürliche Bedingung bezieht das Bewußtsein seine absurde, zweideutige, inkohärente positive Bedingtheit. Von der veränderten individuellen Natur ausgehend, appelliert also das ablehnende Bewußtsein an eine unversehrte Natur und vertraut auf eine künftige Erlösung, wenn einst die wahre Natur des Menschen sich von der Einmischung jener zufälligen Ursachen befreien mag, die ihre konkrete Offenbarung behindern.

Es ist offensichtlich, daß das ablehnende Bewußtsein in der unheilbaren Zwangsvorstellung der Geschichte versunken lebt. Die Geschichte ist zugleich der Ort seines gegenwärtigen Unglücks und seiner hypothetischen Seligkeit. Wenn aber die Geschichte die einzige Kategorie des ablehnenden Bewußtseins ist, so bleibt diesem Bewußtsein die Erkenntnis der Geschichte wesentlich undurchsichtig, untersagt, verhindert, verboten.

Geschichte ist in der Tat das sich Ereignende, die totale Realität in ihrer Fülle als Ereignis. Die Geschichte ist die menschliche Natur in ihrer irreduziblen Positivität; und deshalb wird jedes Bewußtsein, das sich leidenschaftlich über die Geschichte beugt, um sie mit dem zeitlosen Paradigma einer natürlichen Verfassung des Menschen zu vergleichen, oder um in der Vergangenheit das Schema einer imaginären künftigen Vollkommenheit auszumachen, die Geschichte notwendigerweise zurechtstutzen und verletzen.

Aber die Erkenntnis der Geschichte ist nicht das einzige Opfer des ablehnenden Bewußtseins.

Sein bevorzugtes, beliebtestes Opfer ist die Geschichte selbst, die Geschichte, die wir erleben, das vergängliche Fleisch des Menschen. Alle jene, die sich auf eine natürliche Verfassung des Menschen berufen, um die positive Natur anzuklagen, die sie verdeckt und tarnt, erheben sich gegen die irritierende Hartnäckigkeit unseres Elends.

Von dem edlen Anliegen begeistert, dem Menschen seine verlorene Würde wiederzugeben, sehen sie sich von der groben Realität des Alltags beleidigt und von der herausfordernden Herablassung der Existenz erniedrigt. Dürstend nach Versprechungen und Voraussagen, bricht ihr Ungestüm die ruhigen Gesetze des Lebens. Der Boden, auf den sie sich stützen, scheint ihnen das widernatürliche Hindernis für ihre Träume zu sein. Das Delirium einer absoluten und irdischen Vollkommenheit treibt sie zu jähzornigen Rebellionen. Die unehrerbietige Zweideutigkeit des Lebens entzündet die Wut ihrer kindischen und mitleidigen Herzen. Da sie unfähig sind, mit vorsichtigem Mißtrauen, mit ironischer Geduld vorzugehen, betrachten sie die Verderbtheit der Welt als unerträglich und zufällig. Im Bestreben also, sie zu verwandeln, um ihr den hypothetischen ursprünglichen Glanz wiederzugeben, vermögen sie doch nur, das zerbrechliche Gebäude zu zertrümmern, das einst die demütige Geduld anderer Menschen auf der fruchtlosen Substanz der menschlichen Natur errichtete.

Jenen Menschen, die von blinder Schaffenswut getrieben zerstören, setzen andere Menschen das Mitleid und die Verachtung eines mannhaften Pessimismus entgegen. Dies sind die Menschen, deren Bewußtsein ihre menschliche Natur akzeptiert, und die in ihrem harten Stolz den unnatürlichen Forderungen des Lebens gehorchen. Diese Menschen verstehen, daß die Krankheit der menschlichen Natur die menschliche Natur selbst ist; und daß sie deshalb nur die höchste mit dem mangelhaften Wesen des Universums verträgliche Vollkommenheit ersehnen dürfen. Eine unruhige Ironie lenkt ihre vorsichtigen Schritte durch die rohe und schroffe Unzulänglichkeit der Welt.

Weil sie von der Gleichgültigkeit der Dinge nichts erhoffen, genügt die geringste Freude, um ihr dankbares Herz zu bewegen. Weil sie der spontanen und weichen Güte des Universums nicht vertrauen, erweckt in ihren Seelen die Zerbrechlichkeit des Schönen, die Schwäche der Größe, die schreckliche Vergänglichkeit jedes irdischen Glanzes den aufmerksamsten Respekt, die feierlichste Reverenz.

Alle Schlauheit ihrer Intelligenz, alle nüchterne Schärfe ihres Geistes reichen kaum hin, die ausgestreuten Samenkörner zu schützen und zu retten.

DIE FEUERBESTATTUNG IST NICHT DIE ERFINdung träger steinzeitlicher Hygieniker.

In der ersten von einem Totenfeuer erleuchteten Nacht warteten verzerrte Gesichter auf das Ergebnis einer furchtbaren und überlegten Entscheidung. Die drückende Gegenwart der Toten verlangte nach neuen Riten. Es war dringlich, der unersättlichen Volksmenge das wirksame Hindernis einer ungewohnten Liturgie entgegenzustellen.

Die in der stillen Erde liegende, langsam zerfallende Leiche band den exilierten und rachedurstigen Schatten an die Welt der Lebenden. Das Gewicht der Steine auf dem Grab des Toten genügte nicht. Es genügte nicht, den unbeerdigten Körper zuvor zerteilt zu haben.

Das Feuer, das ununterscheidbare Asche hinterläßt, verschlang jene Überreste, die dem heulenden Geist als mystischer Kanal gedient hatten. Der Mensch verschloß das Tor zu höllischen Räumen. Der Mensch versuchte, der Verfolgung durch die Toten zu entkommen.

Aber dieses Unternehmen magischer Prophylaxe leitete erhabenere Riten ein. Vor dem verehrten Kenotaph ersetzte eine priesterliche Theorie den Zug der die Totenurne begleitenden Klageweiber. Dieses Feuer zum Schutz der Lebenden, mit sakramentaler Gewalt entzündet, verlor die Funktion einer flammenden Barriere und wurde zum liturgischen Vehikel, in dem der irrende und jammernde Geist zu heiligen Gefilden geführt wird. Auf dem Opferaltar erwarteten Sühneopfer ihren geheimnisvollen Aufstieg. Das heilige Feuer wurde zum Mittel göttlicher Verwandlung.

Der moderne Mensch wiederholt ein Unterfangen, das jenem der verängstigten Primitiven ähnelt, aber ihm genügt es nicht, sich der Ohnmacht der Toten zu versichern. Unbarmherzig einem Tod unterworfen, der mit einem senkrechten und unbedingten Schnitt das einzige Leben begrenzt, das er sich einräumt, erreicht seine Verteidigungstaktik das Äußerste an Eifer und Schlauheit.

Abgetan werden die uralten Bräuche, die den Eindringling entmutigten, der in unser unsterbliches Fleisch eindrang; verachtet die alten Mittel, die das Aufbegehren unseres Wesens angesichts des toten Gastes beruhigten; der moderne Mensch übt weder die stolze Ergebung vor der Notwendigkeit, die ihn unterwirft, noch Gehorsam diesem Willen gegenüber, dessen vermeintliche Willkür eine freudige Aufruhr unseres Seins bejaht. Seine subtile Art sich zu schützen, besteht in dem Versuch, den Skandal des Todes aufzuheben.

Der Mensch archiviert die tausendjährigen Flüche und beginnt kaltblütig, jene Spalten zu kitten, durch welche die Angst einsickert. Der Mensch versenkt den Menschen im Meer der tierischen Existenz und löst das knotige Geflecht des Lebens in der Indifferenz der Materie auf. Jede Erschütterung angesichts des Todes erscheint nur noch als Schwäche jener Denkart, die sich sträubt, die ursächliche Natürlichkeit jedes beliebigen Ereignisses zu akzeptieren. Als natürliche Sache, als grobes Resultat der stillen Neutralität universeller Konstanten, als ein Akt, der sich der einförmig fortgesetzten Folge der Akte anschließt, ist der Tod nur eine der Erscheinungen des biologischen Daseins. Der Tod ist bloß ein Zustand des Körpers. Jede biologische Konfiguration erkennt ihn als normalen Abschluß an. Der Tod ist eine Funktion des Lebens.

Eine einsame Meditation ist nicht mehr der gemäße Ort, ihn zu studieren; es empfiehlt sich, ihn auf statistischen Tabellen zu betrachten, wo verschiedene Koeffizienten seine möglichen Bedeutungen ausloten.

Ist erst einmal der Tod natürlich geworden und der Skandal beseitigt, so gleicht seine Bedeutung jedem anderen beliebigen Faktor sozialer Unkosten und soll wie die Abnutzung der Maschinen und die Wertminderung der Gebäude berechnet werden.

Das Leben verdient die Bemühung des Staates, der seine Industrieanlagen pflegt; aber so wie angesichts eines veralteten Motors jede Emotion künstlich wäre, so wird jeder Totenritus zu einer aseptischen Aufgabe. Die Stadt entledigt sich der Leichen wie ihrer übrigen Abfälle: an hygienisch ausgewählten Orten.

Die große Aufgabe, den Skandal des Todes abzuschaffen und dem Menschen, der in seine menschliche Natur gesetzt wurde, eine von Schrecken freie Erde zu übergeben, ist noch nicht zur völligen Zufriedenheit erfüllt worden. Alte religiöse Gewohnheiten bremsen noch die exakte Anwendung des sozialen Rechnens. Aber wir wissen, daß einige wenige Jahre genügen werden, damit die Menschheit, einmal mit der Doktrin vertraut, die den Skandal aufhebt, ihre Vorhaben mit größerer Kohärenz verwirklicht.

Dem alten Gefangenen, der an dem hellen und traurigen Morgen ein Gespräch mit der nächtlichen Angst von Schweiß und Blut führt, wird der moderne Stolz Menschengruppen in Furcht und Schrecken zeigen, welche von Maschinengewehren zu den Verbrennungsöfen getrieben werden.

DIE GESCHICHTE DES MENSCHEN SPIELT SICH ab zwischen der Geburt und dem Tode Gottes.

Die Menschheit geht aus der dichten Tierhaftigkeit hervor, die ihr vorangeht; die menschliche Tat wird von einer tierhaften Geste begleitet, die sie vorwegnimmt: Hautflügler erniedrigen unsere ehrgeizigen Bürokratien, die Schlauheit der Katzen beschämt Strategen, der Gorilla im Käfig löst Probleme der praktischen Mechanik.

Doch der fleischfressende Menschenaffe, der sich anschickt, einen gekrümmten Torso über krummen Beinen aufzurichten, verläßt seine waldige Heimat nicht, weil ihn geologische Katastrophen oder genetische Rebellionen zu einem einfallsreichen Leben nötigten, in dem sein Menschsein erwacht. Das Auftreten des Menschen bedeutet, daß ein Organismus seine eigentliche tierische Aktivität verweigert. Eine ungewöhnliche Erfahrung riß faule lemurische Wesen aus dem bequemen Torpor der Unterwerfung unter den Instinkt heraus.

Wenn die Gründe, die die großen Tierfamilien verschieden machen, das Erscheinen des Menschen erklärten, so würde die Menschengattung sich von anderen Gattungen unterscheiden wie letztere sich untereinander unterscheiden; doch der Mensch offenbart gegenüber dem aggressiven Zwielicht seines tierischen Seins eine unnachgiebige Differenz. Das Vorhandensein des Menschen bricht die biologische Kontinuität. Verborgene Dämme lenken das homogene Fließen des Lebens um. Die Summe der tierischen Antworten auf die umgebende Welt wird von einer gequälten Fragestellung gekrönt.

Der offenkundige Unterschied ist keine Erfindung unserer Eitelkeit, die ein autonomer Korpus einer anthropologischen Wissenschaft entwerfen wollte, welche nur das letzte Kapitel eines zoologischen Handbuches sein könnte; die bloße Existenz einer Zoologie ist Bestätigung des Unterschieds und sein Beweis.

Aber was . den Menschen auszeichnet ist nicht die behauene Waffe oder das entzündete Feuer. Die schlaue Anwendung materieller Objekte macht alte tierische Bemühungen komplexer, ohne sie jedoch zu verändern. Haie, Sägerochen oder Zitterrochen fügen ihren Verteidigungsreflexen Elektrizität oder Mechanik hinzu. Im übrigen genügt das bescheidenste Protozoon um zu belegen, daß jede organische Struktur eine vorübergehende formelle Lösung für das Problem darstellt, das sich die ehrgeizige Hartnäckigkeit des Lebens selbst vorsetzt.

Ohne Zweifel hat der Reichtum an Hirnwindungen dem Menschen mit seiner breiteren Auswahl an Gesten eine sicherere Beherrschung der unmittelbaren Welt erleichtert; doch weder der Sieg der großen Saurier des Mesozoikums noch die monsterhaften Ameisenstaaten der tropischen Urwälder nehmen die Sehnsüchte unseres unzufriedenen Wesens vorweg.

Selbst wenn die Tatsache, daß seine Herrschaftswerkzeuge nicht bloße Ausformungen seines Fleisches sind, dem Menschen die Verwendung unzähliger Materialien gewährt hat, so hätte die Ausübung einer Intelligenz, die eng an den ursprünglichen Funktionen geblieben wäre, von der gleichgültigen Erde keine weniger elende Existenz ertrotzt, als die der Wesen, denen die Höhlen von Zhoukoudian Schutz boten. Sogar der gut an sein ökologisches Umfeld angepaßte Mensch würde lediglich Routine wiederholen, die einem unerfahrenen Paläontologen vertraut wären. In den empirischen Techniken kristallisieren sich organische Gesten.

Die Intelligenz setzt biologische Potentiale fort und überschreitet die Grenze des tierischen Raumes nur, wenn axiologische Wesenheiten ihre natürlichen Ziele abwerten und sie jener edlen Dienstbarkeit unterwerfen, in der die Vernunft keimt.

Nicht die einfallsreichen und siegreichen Tiere sind die Vorläufer des Menschen, sondern jene Hunde, die vor den Schatten heulen.

Der Mensch erscheint, wenn der Schrecken, der angesichts der Ungewißheit und der Bedrohung jedes Leben durchdringt, vom heiligen Schauder ersetzt wird. Ein unerklärlicher Bruch in der homogenen Substanz der Dinge verrät eine der Welt fremde Gegenwart, die anders als irdische Gegenwart ist. Der Mensch ist ein Tier, das eine ungewohnte Evidenz besitzt.

Weder die physische Struktur noch die geistige Verfassung unterscheiden den Menschen von seinen tierischen Vorfahren. Die Abänderungen seiner Struktur, seine bisher unbekannten Eigenschaften, seine neuen Eigenheiten verändern die zoologischen Merkmale nicht, noch ändern sie die taxonomische Zugehörigkeit. Keine bloße Ansammlung tierischer Eigenschaften, deren plötzliche Totalisierung die menschliche Ordnung hervorbrächte, trennt ihn von der tierischen Abfolge. Wir sind hier nicht Zeugen der Verwirklichung einer immanenten und notwendigen Möglichkeit, noch betrachten wir die zufällige Umsetzung früherer Verhaltensweisen. Auch keine fremde, seltsame und heterogene P.otenz gesellt sich den tierischen Möglichkeiten zu. Der geistige Apparat des Menschen unterscheidet sich nicht vom geistigen Apparat des Hominiden. Der Mensch ist ein Tier, das von der geheimnisvoll zugestandenen Wahrnehmung eines neuen Objekts in ein Universum versetzt wird, in das plötzlich eine Präsenz eindringt, die es spaltet.

In der Stille der Wälder, im Plätschern einer Quelle, in der aufgerichteten Einsamkeit eines Baumes, in der Eigenart eines Felsens entdeckt der Mensch die Gegenwart einer Frage, die ihn verwirrt.

Gott wird im Geheimnis der Dinge geboren.

Diese Wahrnehmung des Heiligen, die Schrecken, Verehrung, Liebe erweckt, ist der Akt, der den Menschen erschafft, der Akt, in dem die Vernunft keimt, in dem die Seele sich behauptet.

Der Mensch erscheint, wenn Gott geboren wird, im Augenblick, da er geboren wird, und weil Gott geboren worden ist.

Der geborene Gott ist nicht die Gottheit, die eine gelehrte Theologie aus der Substanz tausendjähriger religiöser Erfahrungen erarbeitet. Er ist ein persönlicher und unpersönlicher, ein naher und ferner, ein immanenter und transzendenter Gott; schwer zu erfassen wie der Wind in den Zweigen. Er ist eine dunkle und lichtvolle, erschreckende und wohlwollende, freundliche und feindliche Gegenwart, ein satanischer Halbschatten, in dem eine göttliche Ähre reift.

Ein sonderbarer Schein durchzieht die intime Substanz der Dinge. Die heiligen Steine deuten das sinnliche Fleisch der Welt an.

Hinter dem leblosen Universum erscheint seine authentische Essenz aus Horror, Majestät, Glanz und Gefahr. In diesem Universum – feucht vom heiligen Tau, der auf die Flächen tropft, in die Spalten einsickert und die Höhlungen der Gegenstände füllt – gilt es Haltungen einzunehmen, die das Verhalten der Menschen angesichts neuer Evidenzen ordnen.

Kein Irrtum wäre also größer als die Vorstellung, der Mensch stehe nur vor den Bedrohungen der unmittelbaren Umwelt, die ihn einschließt. Die Zweideutigkeit des Universums stellte ihn vor ungewöhnlichere Rätsel.

Wenn Hunger, Kälte oder der senkrechte Schlag einer Tatze den Menschen aus seiner natürlichen Trägheit weckten, dann nicht sosehr, um die Ergebnisse seiner Jagd oder den Reichtum seiner Felder zu mehren; es ist auch nicht um den unfreundlichen Himmel zu besänftigen, und nicht einmal um die ihn schützende Solidarität zu festigen, daß der Mensch Riten, Tempel, Mythen, Institutionen und Ethiken erfindet.

Jenseits dieser Welt, deren Grausamkeit er kennt und die von seiner Intelligenz langsam bezwungen wird, erhebt sich keine geschlossene Kuppel einer reinen Höhlung, in der sein Unwissen Schiffbruch erlitte. Der gesamte Horizont seiner biologischen Anpassung ist keine unbekannte Leere, die seine von irdischen Aufgaben in Anspruch genommene Intelligenz mit himmlischen Faunen bevölkerte. Jene Bauten seines Geistes, die seine materielle Evidenz übersteigen, sind nicht die blassen Projektionen seines Interesses oder seiner Ängste auf die weiche Helle der Wolken.

Hinter der schematischen Welt, die seine Handlungen erzeugen, gibt es drängendere Fragen als jene, die sein Fleisch beunruhigen und erbarmungslos sein Wachen und sein Träumen verfolgen. Der Mensch hat eine Welt entdeckt, die die Geste des Bauern, des Handwerkers, des Kriegers nicht unterwirft; eine Welt, die er nicht erobert, sondern von der er erobert wird; eine Welt, auf deren Frage er nur antwortet, wenn er schweigt; eine Welt, in der jener herrscht, der sich verneigt und kniet.

In der Natur; in seiner eigenen Seele; und in diesem Jenseits, das sowohl im innersten Herzen aller Dinge als auch in den unerreichbarsten Gegenden der fernsten Horizonte liegt, entlarvt der Mensch die unbewegte Gegenwart einer Realität, die seiner Gewalt widersteht und sich nur mit der Geduld seines Geistes zeigt.

Dort ward der Mensch geboren, der dem Tier, das ihn zeugte, ungleiche Mensch, der Mensch, der einem erhabeneren Schicksal geopfert wurde.

Die unablässige Erarbeitung seiner religiösen Erfahrung ist die tausendjährige Aufgabe des Menschen gewesen.

Es ist eine niemals beendete und scheinbar für unendlich viele Lösungen offene Aufgabe, aber eine Aufgabe, die uns unerbittlichen und unerschütterlichen Normen unterwirft. Alle hohen Behauptungen des Menschen streben zu einem geheimen Mittelpunkt.

Alle Größe ist auf heimliche Weise brüderlich.

Die religiöse Erfahrung ist die Matrix der axiologischen Feststellungen. Aus den harten und undurchsichtigen Blöcken von Evidenz, die die religiöse Erfahrung ihnen übergibt, bearbeiten die Ästhetik, die Ethik und die Logik ihre endgültigen Behauptungen.

Im Lichte dieser Forderungen seines Verstandes, nimmt der Mensch langsam die letzte Erschaffung der Welt vor. Der beschränkte Raum, den seine materiellen Gelüste durchzogen haben, erweitert sich und verwandelt sich zu einem Universum, das von der Wahrheit erklärt, vom Guten geordnet und von der Schönheit erhellt wird.

Wahrheit, die ihre Vorhaben nur vollbringt, indem sie eine innere Kohärenz verwirklicht, die die göttliche Unwandelbarkeit wiederspiegelt. Jeder Vorschlag, jedes Gesetz – wie jede Geste und jeder Schritt – bedeutet Glaube an eine Eigenschaft Gottes. Weder das Widerspruchsprinzip, noch das Kausalitätsprinzip, noch dieses Uniformitätsprinzip, das sie tiefgehender stützt, können sich von der axiomatischen Wurzel entfernen, die sie an die anheimelnde Heimat des Göttlichen selbst bindet. Jeder wissenschaftlicher Empirismus ist das Lärmen eines Vogels, der in der Leere fliegen möchte.

Das Gute, dem wir nur gehorchen, weil uns eine unwiderstehliche Forderung unterjocht. Das Gute, das das Rebellische unseres Wesens beherrscht und waffenlos und souverän, ohne Drohungen und ohne Sanktionen, wehrlos und souverän, in der Intimität des Gewissens eine absolute Verpflichtung errichtet, die ohne Versprechen befiehlt und ohne Belohnungen fordert. Das Gute, das nicht durch die Bedürfnisse des Lebens erklärt wird, weil es das Leben behindert, und das nicht von der Gesellschaft erzeugt wird, denn keine Einsamkeit befreit uns davon, ihm zu gehorchen.

Schließlich die Schönheit, die die augenblickliche Erscheinung eines von den Hörigkeiten unseres eigenen Lebens befreiten Objekts ist, und die in der flüchtigen Stille unseres Geistes – in selbstloser Betrachtung versunken – ihre autonome Essenz kundtut, das heißt: ihre Art, im Absoluten zu existieren. Flüchtige Erfahrung, die von der Kunst festgehalten wird; sie errichtet eine nachempfundene Spur, die an die göttliche Laufbahn des Menschen erinnert.

Daß Gott sterben könnte, ist also keine leere Drohung. Der Mensch kann verlieren, was er bekommen hat. Nur ein ewiger Mensch in einer unbeweglichen Welt würde das Weiterbestehen Gottes garantieren. Aber der Mensch, der in der Ferne des Pliozäns aufgetaucht war, kann in dem weiten tierischen Ozean versinken. Von der finsteren Bestie trennt ihn nur die zerbrechliche Evidenz, die sein Stolz vergißt.

Taumelt nicht bereits die unvergleichliche Struktur, die seine aufmerksame und beherrschte Geduld errichtete? Sein Geist vermutet eine unnachgiebige Laune im Herzen der Dinge und versucht sein Scheitern mit einer Geste zu verhüllen, die gerade jene Gewißheiten als eitel ablehnt, die er begehrt.

Er durcheilt gefräßig die Erde, um in Totenkammern die edlen Überreste seiner Träume anzuhäufen, und meint, seine Unfruchtbarkeit mit der Kraft begrabener Geschlechter fruchtbar zu machen.

Ausufernd schließlich, verloren, trunken, münden die Unternehmungen, die seine Überheblichkeit erfand, in blutigen Hekatomben; und wenn er nun, erniedrigt, dem Vergnügen nachrangiger Beschäftigungen zuneigt, erstickt ihn ein ärmliches, niederes und gemeines Leben in seiner Langeweile.

Die Spuren seiner Geschäftigkeit im geduldigen Boden beleidigen die Schönheit der Erde, aber sein dummer Wagemut rühmt sich dünkelhaft dessen, was seine leeren Siege verletzten und zerbrechen. Seine von Erfolg gekrönten Unternehmen erfüllen ihn mit aufgeblasenem Stolz, und sein unbedachtes Wagen glaubt, das Versprechen unendlichen Aufstiegs gesichert zu haben, weil ein schwaches Licht seine Stirne traf. Indem er sich auf hypothetische Rechte einläßt, weist er die alten Mittel seines Triumphes ab; und beschämt durch die Knechtschaft, in der die Kraft seines Geistes keimt, durchtrennt er die geheimen Kanäle seines Blutes, als wären sie Bande, die ihn fesseln.

Wenn Gott gestorben ist, wird der Mensch sterben, weil der Mensch nur der matte Glanz seines Abbildes ist, nicht mehr als seine verworfene und edle Ähnlichkeit.

Ein schlaues und einfallsreiches Tier wird dem Menschen vielleicht morgen nachfolgen. Wenn seine leeren Bauten einst einstürzen, wird die zufriedene Bestie in das ursprüngliche Halbdunkel einziehen, wo seine Schritte, mit anderen leisen Schritten vermengt, erneut vor dem Gebrüll des tausendjährigen Hungers fliehen werden.

ὁμοούσιοι τη ἀγεννήτῳ φῦσει
Heracleon
(in Orig: Com. In. Ev Joa.)

DER ORIGINALITÄT MEINER GEDANKEN GEgenüber gleichgültig, achte ich doch eifrig auf ihre Kohärenz und versuche hier, ein Schema zu entwerfen, um mit sowenig Willkür wie möglich einige zerstreute und abgelegene Themen zu ordnen. Als Chronist der Jahrhunderte füge ich bloss ein reaktionäres Flickwerk zusammen.

Wenn mich eine didaktische Absicht leitete, so hätte ich ohne Nutzen die harte Stimme der Reaktion vernommen. Ihr skeptisches Vertrauen in die Vernunft rät uns sowohl von emphatischen Behauptungen, als auch von pädagogischen Ungehörigkeiten ab. Für das reaktionäre Denken ist die Wahrheit kein Gegenstand, den eine Hand einer anderen Hand übergibt, sondern der Abschluß eines Prozesses, den keine Ungeduld übereilt. Die reaktionäre Lehre ist keine dialektische Beschreibung der Welt, sondern ein Dialog zwischen Freunden, ein Aufruf, den eine wache Freiheit an eine schläfrige Freiheit richtet.

Da es sich nur zu bewußt ist, auf begrenzten Evidenzen gestützt zu sein, auf Überlegungen, deren Gültigkeit in bestimmten Welten des Diskurses gefangen ist, auf das vorsichtige Lauern auf die Neuigkeiten des Lebens, fürchtet das reaktionäre Denken die künstliche Symmetrie der Begriffe, die Automatismen der Logik, die Faszination der schnellen Vereinfachungen, den Trug durch unsere Sehnsucht nach Einheit.

Die vorliegenden systematischen Seiten vernachlässigen ihre Gebote nicht. Für das vorsichtige Denken entarten die Systeme nicht zu Ideenrhetorik. Weit davon entfernt, in dogmatischem Wohlgefallen zu erstarren, werden wir von den Systemen zu wachsendem Scharfsinn gezwungen. Angesichts des Systems, wo objektiviert und geprägt wird, eignet sich das Denken selbst an. Seine blinde Spontanität verwandelt sich in das Bewußtsein seiner Postulate, seiner Strukturen und seiner Zwecke. Jedes folgende System vergewaltigt die nachfolgenden Unschuldigkeiten. Jedes System stellt eine Meditation wieder her, die uns befreit.

Dieser partielle Versuch ist das Werk eines reaktionären Denkens: die vorübergehende Wohnung eines hartnäckigen Gastes. Ich beginne keinerlei Katechisierung, noch biete ich praktische Rezeptsammlungen an. Ich habe lediglich den Ehrgeiz, eine saubere Kurve zu zeichnen.

Nutzlose Aufgabe. Fruchtlose Klarheit. Doch reaktionäre Texte sind nichts als mahnende Spuren zwischen den Ruinen.

Der Dialog zwischen den bürgerlichen Demokratien und den Volksdemokratien ist ohne Interesse, auch wenn es ihm weder an Heftigkeit mangelt noch an Waffen.

Sowohl Kapitalismus als auch Kommunismus, wie ihre hybriden, schändlichen oder verkappten Abarten, bewegen sich auf verschiedenen Wegen zu einem ähnlichen Ziel. Ihre Anhänger schlagen ungleiche Techniken vor, aber sie huldigen denselben Werten. Die Lösungen trennen sie; ihre Bestrebungen machen sie zu Brüdern. Rivalisierende Methoden, um ein identisches Ziel zu erreichen. Verschiedene Mechanismen im Dienste derselben Bemühung.

Die Ideologen des Kapitalismus lehnen das kommunistische Ideal nicht ab; der Kommunismus verurteilt das bürgerliche Ideal keineswegs. Wenn sie die soziale

Wirklichkeit des Konkurrenten untersuchen, um deren Fehler anzuklagen oder um die exakte Identität ihrer Fakten zu bestreiten, urteilen beide mit ähnlichen Kriterien. Wenn der Kommunismus auf die wirtschaftlichen Widersprüche, die Entfremdung des Menschen, die abstrakte Freiheit, die legale Gleichheit der bürgerlichen Gesellschaften hinweist, so unterstreicht der Kapitalismus in gleicher Weise das Unvermögen der Wirtschaft, die totalitäre Vereinnahmung des Individuums, die politische Sklaverei, die Wiederherstellung der tatsächlichen Ungleichheit in den kommunistischen Gesellschaften. Beide wenden dasselbe Normensystem an, und ihr Streit beschränkt sich darauf, die Funktion bestimmter Rechtsnormen zu debattieren. Für den einen ist das Privateigentum Hindernis, für den anderen Ansporn; aber beide stimmen in der Definition des Guts überein, das vom Eigentum gestört bzw. angeregt wird.

Auch wenn beide auf den Überfluß an materiellen Gütern pochen, der sich aus ihrem Sieg ergeben wird, und auch wenn beide Vorzeichen der Übersättigung sein mögen, so sind das Elend, das sie anklagen, ebenso wie der Reichtum, den sie preisen, bloß die handgreiflichsten Formen dessen, was sie ablehnen oder anstreben. Ihre wirtschaftlichen Thesen sind die Träger märchenhafter Wunschvorstellungen.

Die bürgerlichen und die proletarischen Ideologien sind – in verschiedenen Augenblicken und für verschiedene gesellschaftliche Klassen – rivalisierende Fahnenträger einer einzigen Hoffnung. Sie erklären sich alle zur unpersönliche Stimme desselben Versprechens. Der Kapitalismus sieht sich nicht als bürgerliche Ideologie, sondern als Gebäude der menschlichen Vernunft; der Kommunismus erklärt sich nicht zur Klassenideologie, sondern behauptet, das Proletariat sei der einzige Vertreter der Menschheit. Wenn der Kommunismus den bürgerlichen Betrug anklagt und der Kapitalismus die kommunistische Lüge, so sind sie beide geschichtliche

Spielarten des demokratischen Prinzips, beide wollen eine Gesellschaft, in der der Mensch endlich Herr seines Schicksals sei.

Den Menschen vom Geiz der Erde, von den Übeln des Blutes, von den sozialen Hörigkeiten zu erlösen, ist beider gemeinsame Absicht. Die Demokratie erhofft die Erlösung des Menschen und verlangt für den Menschen die erlösende Funktion.

Unser furchtbares Unglück zu besiegen, ist der natürlichste Wunsch des Menschen, aber es wäre lächerlich, wenn dies ärmliche Tier, durch alles unterdrückt und bedroht, einzig auf seine Intelligenz vertraute, um die Macht des Universums zu bezwingen, spräche es sich nicht größere Würde und höhere Abkunft zu. Die Demokratie ist kein Wahlverfahren, wie es sich naive Katholiken vorstellen; kein politisches Regime, wie die herrschende Bourgeoisie des vergangenen Jahrhunderts dachte; keine gesellschaftliche Struktur, wie es die nordamerikanische Doktrin lehrt; keine wirtschaftliche Organisationsform, wie es die kommunistische These verlangt.

Wer die irreligiöse Gewalt der demokratischen Unruhen sah, glaubte einen profanen Aufstand gegen die heilige Entfremdung zu beobachten. Auch wenn die Gereiztheit des Volkes nur sporadisch in wilden oder burlesken Tumulten ausbricht, so wird die demokratische Geschichte, heimlich und schleichend, von einer erbitterten Kritik des religiösen Phänomens und von einem militanten Laizismus begleitet. Ihre ausdrücklichen Absichten scheinen sich dem tieferen Willen zu unterwerfen, die Gesellschaft und die Welt zu säkularisieren – teils verdeckt, teils öffentlich, schweigend manchmal, manchmal schrill. Ihr irreligiöser Eifer und ihre laizistische Scheu nehmen sich vor, die Seelen von jedem mystischen Exkrement zu reinigen.

Dennoch haben andere Beobachter ihrer kritischen Augenblicke – oder ihrer extremen Ausformungen –

wiederholt auf deren religiöse Färbung hingewiesen. Der Dogmatismus ihrer Doktrinen, die ansteckende Verbreitung, die fanatische Hingabe, zu der sie anstiftet, das fieberhafte Vertrauen, das sie weckt, haben beunruhigende Parallelen angedeutet. Die Soziologie der demokratischen Revolutionen läßt für die Geschichte der Religionen erarbeitete Kategorien wiedererstehen: Prophet, Mission, Sekte. Metaphern, die eigentümlicherweise notwendig werden.

Der religiöse Aspekt des demokratischen Phänomens wird für gewöhnlich auf zweierlei Weise erklärt: Für die bürgerliche Soziologie ergeben sich die Ähnlichkeiten aus der Erschütterung, die die sozialen Tumulte in den Schichten der Emotion verursachen, wo sie den Ursprung der Religion vermutet; für die kommunistische Soziologie bestätigt die Ähnlichkeit den sozialen Charakter des religiösen Verhaltens. Dort nimmt jede starke Emotion religiöse Formen an; hier ist jede Religion Verkleidung sozialer Zwecke.

Die bürgerliche Soziologie erreicht nicht die durchdringende Kraft der marxistischen Thesen. Die vagen Genealogien, mit denen sie sich zufrieden gibt, lassen sich nicht mit der präzisen Identifikation vergleichen, die der Marxismus definiert. Die Strenge des marxistischen Systems schützt es vor Mißverständnissen; es ist ein Spiegel der Wahrheit: man könnte sagen, daß es genügt, ihn umzukehren, um nicht in die Irre zu gehen.

Die Geschichtsphilosophien sind eher Werkzeuge der historischen Erkenntnis als ehrgeizige Synthesen. Jede Philosophie will die Beziehung zwischen dem Menschen und seinen Handlungen definieren.

Das Problem der Geschichtsphilosophie ist von einer absoluten Allgemeingültigkeit, denn jedes Objekt des Bewußtseins ist Handlung, und zwar noch vor der Definition seines metaphysischen Status, der auch Handlung ist. Die Art, wie die Beziehung zwischen dem

Menschen und seinen Handlungen definiert wird, bestimmt jede Erklärung der Welt.

Die philosophischen Definitionen der konkreten Beziehung sind Theorien der menschlichen Motivation. Die Theorien befragen die Handlungen, um sie aus ihrer bedeutungslosen Trägheit zu erwecken, und dringen als begreifliche Zusammenhänge in ihre amorphe Masse ein. Keine Theorie ist falsch, denn die konkrete Beziehung ist eine komplexe und reiche Struktur; aber jede für sich opfert das dichte historische Netz einer willkürlichen und fleischlosen Ordnung. Um offenkundige Verfälschungen zu vermeiden, bedient sich der Historiker, gleichzeitig oder nacheinander, der verschiedenen vorgeschlagenen Theorien: Drängen des Instinkts, ethnische Determiniertheit, geographische Konditionierung, wirtschaftliche Notwendigkeit, intellektuelle Entwicklung, axiologische Absicht, launische Entscheidung. Doch selbst wenn das Feingefühl der Vorstellungskraft ihn vor systematischen Grobheiten schützt, so beschränkt ihn die Inkohärenz seines Verfahrens auf ein zufälliges Aneinanderreihen der Faktoren. Die verschiedenen Theorien bilden keine jeweils geschlossenen Systeme und ihre gelegentliche Gruppierung reicht nicht über sporadische und zufällige Erfolge hinaus.

Jede historische Situation schließt – mit sich abwechselndem Vorrang – die Gesamtheit der möglichen Motivationen ein und die konkreten Konfigurationen der Beweggründe hängen von einem ordnenden allgemeinen Prinzip ab. Wie immer die Art der Motivation sei, zu der eine beliebige Handlung vornehmlich gehört, welche immer die Konfiguration sei, in die sie sich einordnet: sie wird durch eine vorangegangene religiöse Option ausgerichtet.

Alle linearen Verkettungen gleichartiger Handlungen, so wie die Verbindungen zwischen Gruppierungen verschiedenartiger Handlungen, sind Funktionen ihrer religiösen Bereiche. Das Individuum kennt für gewöhnlich die ursprüngliche Option nicht, die ihn bestimmt; aber die Marschrichtung seiner Instinkte, der Vorrang dieses oder jenes Volkscharakters, das Obwalten verschiedener geographischer Einflüsse, die Geltung einer bestimmten wirtschaftlichen Notwendigkeit, das Vorherrschen gewisser spekulativer Schlußfolgerungen, die Gültigkeit der einen oder der anderen Zwecke, die Überlegenheit verschiedener Willensäußerungen sind die Auswirkungen einer radikalen Option angesichts des Seins, einer grundsätzlichen Haltung Gott gegenüber.

Jede Handlung trägt sich in eine gleichzeitige Vielheit von Kontexten ein; aber ein eindeutiger, unverrückbarer, letzter Kontext umgrenzt sie alle. Eine stillschweigende oder ausdrückliche Gottesvorstellung ist der letzte Kontext, der sie ordnet.

Die Beziehung zwischen dem Menschen und seinen Handlungen ist eine vermittelte Beziehung. Die Beziehung zwischen dem Menschen und seinen Handlungen ist eine Beziehung zwischen Gottesbegriffen und Handlungen des Menschen. Das historische Individuum ist seine religiöse Option.

Keine konkrete Situation ist restlos analysierbar oder auf kohärente Weise erklärbar, wenn nicht zuvor die Art der theologischen Entscheidung feststeht, die sie strukturiert. Die religiöse Analyse, die die Gelenke der Geschichte, die innere Einteilung der Handlungen und die authentische Ordnung der Person zu zeichnen ermöglicht, hat empirischen Charakter und setzt keinerlei Glauben voraus, weder um sie zu definieren noch um sie anzuwenden. Ohne die Objektivität der religiösen Erfahrung vorauszusetzen, allein mit der Feststellung ihrer Wirklichkeit als Phänomen, übernimmt sie die Analyse methodisch als bestimmenden Faktor jedes konkreten Zustandes.

Nur die religiöse Analyse erhellt uns die Natur des Phänomens, wenn wir irgendeine demokratische Handlung ausloten und sie erlaubt uns, der Demokratie ihre exakte Dimension zuzuordnen. Wenn wir anders Vorgehen, vermögen wir niemals ihre genetische Definition zu bestimmen, noch die Kohärenz ihrer Formen aufzuzeigen, noch ihre Geschichte zu erzählen.

Die Demokratie ist eine anthropotheistische Religion. Ihr Prinzip ist eine Wahl religiösen Charakters, eine Handlung, durch die der Mensch den Menschen als Gott annimmt.

Ihre Doktrin ist eine Theologie des Gott-Menschen; ihre Praxis ist die Verwirklichung des Prinzips in Verhaltensweisen, Institutionen und Werken.

Die Göttlichkeit, die die Demokratie dem Menschen zumißt, ist keine rhetorische Figur, kein poetisches Bild, keine unschuldige Hyperbel schließlich, sondern strikte theologische Definition. Die Demokratie ruft nicht eloquent und mittels eines vagen Wortschatzes die erhabene Würde des Menschen aus, den Adel seines Schicksals oder seiner Herkunft, seine intellektuelle Vorherrschaft in den Welten der Materie und des Instinktes. Die demokratische Anthropologie befaßt sich mit einem Wesen, dem die klassischen Attribute Gottes zukommen.

Die anthropotheistischen Religionen bilden eine homogene Gruppe religiöser Haltungen, die man nicht mit den pantheistischen Theologien verwechseln darf. Der Gott des Pantheismus ist das Universum selbst als Flug eines großen himmlischen Vogels; für den Anthropotheismus ist das Universum Hindernis oder Werkzeug für den menschlichen Gott.

Angesichts unseres derzeitigen elenden Zustands definiert der Anthropotheismus die Göttlichkeit des Menschen als vergangene oder aber künftige Realität. In seiner unglücklichen Gegenwart ist der Mensch ein gefallener Gott oder ein werdender Gott. Der Anthropotheismus stellt den zweistirnigen Gott vor ein Dilemma.

Die orphischen Kosmogonien und die gnostischen Sekten sind rückwärtsgewandte Anthropotheismen, die moderne demokratische Religion ist futuristischer Anthropotheismus. Jene sind Doktrin einer kosmischen Katastrophe, eines zerfallenen Gottes, eines gefangenen Lichts; diese ist Doktrin einer schmerzlichen Theogonie.

Der retrospektive Anthropotheismus ist ein düsterer Dualismus, der futuristische Anthropotheismus ein jubilierender Monismus. Die dualistische Doktrin lehrt die Aufsaugung des Menschen durch die verderbte Materie und die mühevolle Rückkehr zu seinem einstigen Glanz; die monistische Doktrin kündet das Keimen seiner Herrlichkeit an. Ein Gott, gefangen in der dummen Trägheit seines Fleisches, oder ein Gott, den die Materie als ihren Siegesschrei emporhebt. Der Mensch ist Spur seiner verlorenen Natur oder Lehm seiner künftigen Natur.

Dualistische Anthropotheismen und monistischer Anthropotheismus sind Formen ethischer Anomie. Beide verdichten sich zu Sekten der Erwählten. Beide sind metaphysische Aufstände.

Die demokratische Doktrin ist ein ideologischer Überbau, der geduldig an ihre religiösen Postulate angepaßt wurde. Ihre tendenziöse Anthropologie setzt sich als kämpferische Apologetik fort. Wenn die erste den Menschen in einer Weise definiert, die mit der postulierten Göttlichkeit verträglich ist, so definiert die zweite das Universum, um den Mythos zu bestätigen, in einer Weise, die mit dieser unnatürlichen Definition des Menschen verträglich ist. Die Doktrin hat keine spekulative Zielsetzung. Jede demokratische These ist das Argument einer Streitpartei, nicht das Urteil eines Richters.

Eine kurze Definition bewegt ihre doktrinäre Maschine.

Um ihren theologischen Zweck zu erfüllen, beschreibt die demokratische Anthropologie den Menschen als Wille.

Damit der Mensch Gott sei, muß ihm der Wille als Essenz zugeordnet und im Willen das Prinzip und der eigentliche Stoff seines Wesens erkannt werden. Der wesenhafte Wille ist in der Tat reine Zulänglichkeit. Der wesenhafte Wille ist tautologisches Attribut der absoluten Autonomie. Wenn die Essenz eines Wesens nicht sein Wille ist, so ist dieses Wesen nicht die Ursache seiner selbst, sondern Wirkung desjenigen Wesens, das seine Essenz bestimmt. Wenn die Essenz des Menschen den Willen des Menschen überragt, so bindet ihn dieses Darüber an einen äußeren Willen. Der demokratische Mensch hat keine Natur, sondern Geschichte: unverletzlichen Willen, den sein irdisches Abenteuer verkleidet, aber nicht verändert.

Wenn der Wille seine Essenz ist, so ist der Mensch reine Freiheit, denn Freiheit ist Selbstbestimmung. Als wesenhafter Wille ist der Mensch wesenhafte Freiheit. Der demokratische Mensch ist nicht bedingte Freiheit, eine Freiheit, die von der menschlichen Natur abhängig ist, sondern totale Freiheit. Nur seine freien Handlungen sind Handlungen seiner Essenz, und was seine Freiheit mindert, zersetzt ihn. Der Mensch kann sich nicht unterwerfen, ohne aufzugeben. Seine Freiheit schreibt ihm nichts vor, denn eine Essenz schreibt nicht vor.

Da seine Freiheit kein Zugeständnis eines fremden Willens ist, sondern der analytische Akt seiner Essenz, ist die Autonomie des Willens unbeschränkt und ihre Souveränität vollkommen. Nur der willkürliche Willensakt ist legitim, denn nur er ist souverän.

Indem er souverän ist, ist der Wille in allen identisch. Uns unterscheiden Umstände, die die Essenz nicht verändern. Der Unterschied zwischen den Menschen berührt in niemandem die Natur des Willens, eine reale Ungleichheit würde die Identität der Essenz, die sie begründet, verletzen. Alle Menschen sind, trotz ihrer scheinbaren Verschiedenheit, gleich.

Für die demokratische Anthropologie ist jeder Mensch freier, souveräner und gleicher Wille.

Nachdem sie ihre anthropologische Definition festgehalten hat, beginnt die Doktrin damit, die vier ideologischen Thesen ihrer Apologetik auszuarbeiten.

Die erste und selbstverständlichste der demokratischen Ideologien ist ihr pathetischer Atheismus.

Die Demokratie ist nicht atheistisch, weil sie die Irrealität Gottes festgestellt hätte, sondern weil sie unbedingt nötig hat, daß es Gott nicht gebe. Die Überzeugung unserer Göttlichkeit schließt die Verneinung seiner Existenz ein. Wenn es Gott gäbe, wäre der Mensch sein Geschöpf. Wenn es Gott gäbe, könnte der Mensch seine angenommene Göttlichkeit nicht fassen. Der transzendente Gott hebt unsere unnütze Rebellion auf. Der demokratische Atheismus ist die Theologie eines immanenten Gottes.

Um unsere fragliche Göttlichkeit zu bestätigen, lehrt der Atheismus, daß die anderen Götter Erfindungen des Menschen seien. Kinder des Schreckens oder der Träume; Symbole der Gesellschaft oder unserer obszönen Wurzeln; Mythen, die die höchste Entfremdung vollenden. Die Demokratie behauptet, daß das Aas der menschlichen Freiheit die Wiege der heiligen Schwärme sei.

Die Idee des Fortschritts ist die Theodizee des futuristischen Anthropotheismus, die Theodizee eines Gottes, der aus der Unbedeutendheit des Abgrunds heraus erwacht. Der Fortschritt ist die Begründung der jetzigen Verfassung des Menschen und seiner späteren Theophanien.

Ein Wesen, das mit ärmlichen Riten das Murmeln seiner widerstrebenden Tierhaftigkeit unterdrückt, glaubt nicht an seine verborgene Göttlichkeit, wenn es nicht vermutet, daß die ursprüngliche Materie eine Maschine sei, die Götter erzeugt. Wenn kein Prozeß der unvermeidlichen Vervollkommnung die Wiederholung der Zeit verhindert, wenn das Komplexe nicht vom Einfachen abstammt, wenn das Niedere nicht die höheren Ausformungen der Serien erzeugt, wenn die Vernunft nicht einer früheren Neutralität entsteigt, wenn die Nacht nicht die evangelische Vorbereitung des Lichts ist, wenn das Gute nicht Antlitz des bereuenden Bösen ist, dann ist der Mensch kein Gott. Die Rezepte, die er aufbewahrt, genügen nicht, daß seine Intelligenz, in der Berechnung äußerer Verhaltensweisen, die Prämissen seiner künftigen Allwissenheit erahne. Es genügt nicht die sachte Spur seiner Gesten auf der Erdkruste, um anzunehmen, daß die Geschicklichkeit seiner Hände ihm eine göttliche Allmacht vorbereitet. Der Fortschritt ist ein Dogma, das einen vorausgehenden Glauben verlangt.

Um den Menschen zu garantieren, daß er die Welt verwandeln und nach dem Maß seiner Wünsche bearbeiten wird, lehrt die Demokratie, daß unsere demiurgische Bemühung eine Fortsetzung des von der Materie erregten Impulses ist; daß der Motor des Fortschritts eine interne Dialektik darstellt, ein Übergang von der ursprünglichen Homogenität zu einer wachsenden Heterogenität, eine Serie von nacheinanderfolgenden Zwischenfällen oder das wagemutige Streben einer Ausgeburt der Not. Die Doktrin nimmt an, daß ein abwesender Demiurg, von seiner ursprünglichen Inexistenz ausgehend, die Nahrung seiner künftigen Epiphanie erzeugt.

Die Theorie der Werte ist das schwierigste Unterfangen der demokratischen Ideologie. Atheismus und Fortschritt verlangen nur nach einer emphatischen Rhetorik, weil die Existenz Gottes nicht selbstverständlich ist, weil eine einfache Geste zur Zukunft hin den Glauben eines zweifelnden Progressisten bestätigt, während das Vorhandensein der Werte eine Tatsache ist, welche die demokratischen Postulate mit ruhiger Anmaßung aufhebt.

Wenn schon Lust und Schmerz eine beunruhigende Unabhängigkeit zeigen, was bleibt dann von unserer proklamierten Göttlichkeit, wenn uns die Wahrheit an die Natur der Dinge bindet, wenn das Gute wie ein unwiderstehlicher Ruf verpflichtet, wenn das Schöne im Mark der Dinge vorhanden ist? Wenn der Mensch nicht der höchste Erzeuger von Werten ist, dann ist der Mensch ein trübsinniger Reisender zwischen Mysterien; der Mensch durchwandert das Land eines unbekannten Königs.

Nach demokratischer Lehre ist der Wert ein subjektiver Zustand, der die Übereinstimmung zwischen einem Willen und einem Faktum bestätigt. Die Objektivität des Wertes ist eine Funktion seiner empirischen Allgemeingültigkeit und sein normativer Charakter leitet sich von seinem vitalen Bezug ab. Wert ist, was der Wille als ihm eigen anerkennt.

Die Reduktion des Wertes auf sein Grundschema wird mit verschiedenen Listen vorgenommen. Manche Theorien bevorzugen eine unmittelbare Reduktion und lehren, Wert sei lediglich, was der Mensch als Wert erkläre. Aber die üblicheren Theorien entscheiden sich für weniger handgreifliche Wege. Die biologische Funktion, oder die soziale Form, ersetzen den bloßen Willen und stellen dessen konkrete Manifestation dar.

Lust und Schmerz erscheinen als Symptome eines erfüllten bzw. mißglückten Lebens; das Gute ist das Zeichen eines glücklichen biologischen Funktionierens oder einer für das soziale Überleben günstigen Handlung; die Schönheit ist Hinweis auf eine mögliche Befriedigung von Instinkten, einer möglichen Erhöhung des Lebens oder authentischer Ausdruck eines Individuums, authentische Spiegelung einer Gesellschaft; Wahrheit schließlich ist ein Mittel, das die Vereinnahmung der Welt erleichtert. Soziale oder utilitäre Ethiken, naturalistische oder expressionistische Ästhetiken, pragmatische oder instrumentale Epistemologien versuchen, den Wert auf das jeweils beabsichtigte Schema zu reduzieren, und sind nichts anderes als ideologische Artefakte.

Das letzte Wort der demokratischen Apologetik ist der allgemeine Determinismus. Um ihre Prophezeiungen verankern zu können, benötigt die Doktrin ein starres Universum. Die wirksame Aktion bedarf eines vorhersehbaren Verhaltens, und die kausale Unbestimmtheit löscht die Gewißheit des Vorhabens aus. Da der Mensch nur in einem Universum souverän wäre, in dem blinde Notwendigkeit herrschte, bezieht die Doktrin die Eigenschaften des Menschen auf äußere Umstände. Wenn die Welt, die Gesellschaft und das Individuum sich nicht auf bloße kausale Konstanten zurückführen lassen, dann kann die beharrlichste, intelligenteste und methodischste Bemühung scheitern angesichts der unerforschlichen Natur der Dinge, der uneinschätzbaren Geschichte der Gesellschaften, der unvorhersehbaren Entscheidungen des menschlichen Gewissens. Die totale Freiheit verlangt nach einem versklavten Universum. Der souveräne menschliche Wille kann nur über die Leichen der Dinge herrschen.

Da ein allgemeiner Determinismus die Freiheit selbst mitreißt, die ihn verkündet, greift die Doktrin – um dem Widerspruch auszuweichen, der sie aufhebt – auf eine metaphysische Akrobatik zurück, die den Menschen von seiner Passivität als Objekt in die Freiheit eines plötzlichen Gottes versetzt.

Bei seiner Verwirklichung in den Verhaltenweisen, in den Institutionen und in den Werken geht das demokratische Prinzip streng kohärent vor. Das scheinbare Wirrwarr seiner Phänomene beweist die außergewöhnliche Konstanz der Sache selbst. Unter verschiedenen

Umständen sind die Orientierungen verschieden, auf daß das Vorhaben selbst unangetastet bleibe.

Zwei sukzessive Formen des Prinzips leiten die demokratische Praxis: das Prinzip als souveräner Wille oder als authentischer Wille.

Indem sie nur dem willkürlichen Willen Legitimität zugesteht, verwandelt die individualistische und liberale Demokratie die augenblicklichen Gleichgewichte der in einem vielfältigen Wählermarkt konfrontierten Willensäußerungen in eine unanfechtbare Norm. Das korrekte Funktionieren des Marktes setzt ein freies Feld voraus: von ethischen Spuren gesäubert, der ehemaligen Glanzlichter entledigt, von Abfällen der Vergangenheit gereinigt. Die Gültigkeit der politischen und der ökonomischen Entscheidungen ist eine Funktion des vom Mehrheitswillen ausgeübten Druckes. Die ethischen Regeln und die ästhetischen Werte ergeben sich aus dem nämlichen Kräftegleichgewicht. Die selbsttätigen Mechanismen des Marktes bestimmen die Normen, die Gesetze und die Preise.

Für die individualistische und liberale Demokratie ist der Willensakt von inneren Verpflichtungen frei, aber ohne das Recht, höhere Instanzen gegen die Normen des Volkes, gegen das formell verkündete Gesetz oder gegen den unpersönlich festgesetzten Preis anzurufen. Der individualistische Demokrat kann nicht behaupten, daß eine Norm falsch sei, sondern lediglich, daß er eine andere wünscht; nicht, daß ein Gesetz ungerecht ist, sondern, daß er ein anderes will; nicht, daß ein Preis absurd sei, sondern daß ein anderer ihm akzeptabel sei. Die Gerechtigkeit in einer individualistischen und liberalen Demokratie ist das, was in irgend einem Augenblick existiert. Ihre normative Struktur wird durch Willensäußerungen gestaltet, ihre juristische Struktur ist eine Summe positiver Entscheidungen und ihre ökonomische Struktur eine Ansammlung vollführter Handlungen.

Die individualistische Demokratie löscht jede Institution aus, die unwiderrufliche Verpflichtung und Kontinuität bedeutet, die dem flüchtigen Netz der Tage nicht gehorchen will. Der Demokrat lehnt das Gewicht der Vergangenheit ab und nimmt das Risiko der Zukunft nicht auf sich. Sein Wille versucht, die vergangene Geschichte auszulöschen und die künftige Geschichte ohne Hemmnis zu gestalten. Unfähig zur Treue gegenüber einer von den Jahren übermittelten Unternehmung, stützt sich ihre Gegenwart nicht auf die Dichte der Zeit; ihre Tage erhoffen die Diskontinuität einer unheilvollen Uhr.

Eine von der ersten Form des demokratischen Prinzips regierte Gesellschaft neigt zur theoretischen Anarchie der kapitalistischen Wirtschaft und des allgemeinen Wahlrechts.

Das Prinzip nimmt seine zweite Form an, wenn der Gebrauch der Freiheit die demokratischen Postulate bedroht. Doch die Verwandlung der liberalen und individualistischen Demokratie in eine kollektivistische und despotische Demokratie bricht den demokratischen Vorsatz nicht, noch verfälscht sie die verheißenen Zwekke. Die erste Form beinhaltet und trägt die zweite als mögliche historische Fortsetzung und als notwendige theoretische Folge.

In der Tat: Wenn alle Menschen einen freien, souveränen und gleichen Willen darstellen, so vermag kein Wille die anderen auf legitime Weise zu unterjochen; weil aber der Wille keinen anderen legitimen Zweck haben kann als seine eigene Essenz, denn jeder Wille, der seine Essenz nicht zum Zweck hätte, würde sich verneinen und aufheben, so würde jeder individuelle Wille, der nicht seine Freiheit, seine Souveränität, seine Gleichheit zum Zweck hätte, sich gegen seine authentische Essenz versündigen und könnte von einem rechten Willen legitimerweise gezwungen werden, sich selbst zu gehorchen. Es ist unerheblich, ob die Rebellion gegen die eigene Essenz der Akt eines einzigen Willens, einer Vielzahl von Willen oder gleichsam der Gesamtheit der in einem bestimmten Augenblick vorhandenen Willensträger ist, oder der Gesamtheit selbst, denn die demokratische Doktrin postuliert gegenüber den pervertierten und aufrührerischen Willen notwendigerweise einen allgemeinen Willen, der sich selbst gegenüber redlich ist, seiner Essenz treu, und dessen Legitimität von einem einzigen rechten Willen vertreten werden kann. Ob Mehrheit, Minderheitspartei oder Individuum: die demokratische Legitimität hängt nicht von einem Wahlmechanismus ab, sondern von der Reinheit des Vorhabens.

Der abtrünnige Wille wird von der kollektivistischen und despotischen Demokratie der autokratischen Führung irgendeiner Nation, einer sozialen Klasse, Partei oder eines Individuums unterworfen, sofern diese den rechten Willen verkörpern. Für die kollektivistische und despotische Demokratie steht die Verwirklichung des demokratischen Zweckes vor jeder anderen Überlegung. Alles ist zulässig, um eine reale Gleichheit zu begründen, die eine echte Freiheit erlaubt, in der die Souveränität des Menschen durch den Besitz des Universums gekrönt wird. Die sozialen Kräfte müssen mit eiserner Entschlossenheit hin zum apokalyptischen Ziel kanalisiert werden, wobei jeder Störer beseitigt, jeder Widerständler liquidiert wird. Das Vertrauen zum eigenen Vorhaben korrumpiert den autoritären Demokraten, der im Namen der Freiheit versklavt und die Ankunft eines Gottes durch die Herabwürdigung des Menschen erhofft.

Die praktische Verwirklichung des demokratischen Prinzips erfordert schließlich eine ungebremste Anwendung der Technik und eine rücksichtslose industrielle Ausbeutung des Planeten.

Die Technik ist kein demokratisches Produkt, aber der Kult der Technik, die Verehrung ihrer Werke, der

Glaube an ihren eschatologischen Triumph sind notwendige Folge der demokratischen Religion. Die Technik ist das Werkzeug ihres tiefen Ehrgeizes, Akt des Besitzens der unterworfenen Welt. Der Demokrat erwartet, daß die Technik ihn von der Sünde, vom Unglück, von der Langeweile und vom Tod erlösen möge. Die Technik ist Wort und Werk des Gott-Menschen.

Die demokratische Menschheit häuft technische Erfindungen mit fiebrigen Händen an. Es bedeutet ihr wenig, ob die technische Entwicklung sie erniedrigt oder ihr Leben bedroht. Wenn ein Gott seine Waffen schmiedet, verachtet er die Verletzungen des Menschen.

Dämonen und Götter werden fern von den Blicken der Menschen geboren, und ihre Kindheit erschlafft in unterirdischen Behausungen. Die demokratische Religion nistet in mittelalterlichen Krypten, im feuchten Schatten, wo die Larven häretischer Texte wimmeln.

Die geheime Verkündigung dualistischer Mythen schweigt nicht unter dem Despotismus der orthodoxen Herrscher. Die konziliaren Bannflüche, die Urteile kaiserlicher Präfekten, die Tumulte der Volksfrömmigkeit ersticken vorübergehend die schändliche Stimme, aber ihr Echo lebt in Gebirgsdörfern, bei heimlichen Treffen in grenznahen Städten und unter den Legionen des Imperiums wieder auf.

Von den Ländern ihres Exils ausgehend, verbreitet sich die dualistische Evangelisierung, abseits der wachenden byzantinischen Bürokratie, zu den schlaffen Regimen des Abendlandes. Die Wasser der trüben Strömung überfluten bischöfliche Sitze und schlagen gegen den Granit des päpstlichen Thrones.

Der schützende und blutige Schatten Innozenz' III. stellt die zerbrochene Einheit wieder her, aber in abseitigen und fernen Ländern, in Kalabrien, am Rhein, zwischen den flämischen Webstühlen, ist eine neue Religion geboren worden.

Die moderne demokratische Religion bildet sich, wenn der bogomilische und katharische Dualismus sich verbinden und mit dem apokalyptischen Messianismus verschmilzt. In den Gegenden ihres nächtlichen Zusammentreffens erhebt sich ein undeutlicher Schatten.

Die messianische Hoffnung, die das Christentum erfüllt und zugleich erneuert, reizt wiederholt die fiebrige Geduld des Menschen.

In riesigen Räumen aus Ziegeln und Asphalt, vor dem Monarchen geneigt, der die heiligen Hände ergreift, singen kahle Schädel Siegeshymnen, die ein Psalmist für die Weihe kleiner Könige abschrieb. Die lächerlichen Schmeicheleien verwandeln sich unter der prophetischen Flamme, und der irdisch Geweihte läßt den himmlisch Geweihten erahnen. Wenn dem zerstörten Tempel nur ein entweihter Tempel folgt, streuen die messianischen Themata ihre unversehrte Virulenz aus. Die politische Ohnmacht schürt die messianische Hoffnung.

Von seinen fleischigen Wucherungen entblößt, überträgt der Messianismus dennoch der Kirche den Keim seiner furchtbaren Gier. Menschenmassen erwarten die Herabkunft der himmlischen Stadt, und die erste Inkarnation des Parakleten kündigt zwischen nackten Prophetinnen die chiliastischen Ernten an.

Die Erwartung eines irdischen Reiches der Heiligen feuert die Frömmigkeit von Einsiedlern und das Elend des Pöbels an. Wünsche der Seele und die Rache des Fleisches berauschen mit ihren sauren Säften die betrübten Herzen und die verkrampften Eitelkeiten. Der vulgäre Messianismus nährt sich aus den edelsten Träumen und den niedrigsten Leidenschaften.

Aber selbst die weltlichen Messianismen erwarten das blutige Erblühen wie eine Gabe Gottes. Die militanten Chiliasmen sind Anwandlungen menschlicher Ungeduld und nicht Trugbild göttlicher Allmacht.

Nur wenn der Mensch selbst, der Mensch allein, Anführer der stöhnenden Horde ist, der Erbauer des himmlischen Jerusalem, der Richter des unabweislichen Gerichts; nur wenn der gefallene Gott der gnostischen Heterodoxien sich mit der soteriologischen Hypostase der dreifältigen Theologie vermengt; nur wenn der verheißene Messias die vergöttlichte Menschheit ist, nur dann hebt sich der Gott-Mensch der demokratischen Religion langsam aus seinem irdischen Schlamm empor.

Indem sie den Halbschatten ihrer heimlichen Ausbrütung verläßt, verbreitet sich die demokratische Religion durch die Jahrhunderte und erbaut mit bösartiger Schlauheit den kolossalen Überbau ihrer aufeinanderfolgenden Ideologien. Tochter des menschlichen Stolzes, entzündet die rußige Fackel alles, was der Stolz entzündet. Ihre Verbreitung benötigt nichts als das Aufleuchten des Stolzes, denn eine flüchtige Wolke verhüllt die wahrnehmbare Sonne. Aber der Stolz selbst schafft jene Finsternis, in der nur sein eigenes Licht erstrahlt.

Jede Bekehrung ereignet sich in den Hinterzimmern der Seele, wo die Freiheit sich den Anstiftungen des Stolzes ergibt. Es gibt nichts, was uns nicht verführen könnte: eine Tugend, die sich selbst blendet, ein Laster, das sich vor seinem eigenen Blick entstellt. Es genügt, daß uns ein einziges Thema schmeichelt, damit wir die gesamte Doktrin annehmen. Wenn wir uns der unterwürfigen List ergeben, gehorcht die scheinbare Unordnung unserer Handlungen einem Druck, der sie ausrichtet.

Weil die demokratische Doktrin jederzeit und in jedem Individuum die vollständige Summe ihrer theoretischen Konsequenzen vorweisen kann, zeigt ihre Geschichte keine Entwicklung der Lehre, sondern eine fortschreitende Inbesitznahme der Welt.

Die Demokratie trägt ihre Taufe in das verhöhnte Antlitz Bonifaz' VIII. ein. Die unverschämte Geste umwikkelt im Purpur ihrer Beleidigung, wie in einem päpstlichen Totenhemd, das sterbende Heilige Römische Reich und den Schatten der großen mittelalterlichen Päpste. Die kaiserlichen Juristen erwachen wieder zum Leben, um die Macht der Tribunen wiederherzustellen. Der moderne Staat ist geboren.

Die Ausrufung der staatlichen Souveränität braucht mehrere Jahrhunderte, aber die politischen Reformen und die religiösen Separatismen, die sie vorbereiten, sind Ereignisse, die ein fester Wille usurpiert oder hervorbringt. Die Nationalstaaten sind die Retorte des souveränen Staates.

Bevor sie die Souveränität des Menschen verkündet, umgrenzt die demokratische Unternehmung den Raum, wo die Ausrufung statthaft erscheinen soll. Im juristischen Labyrinth des mittelalterlichen Staates stößt die Verkündigung auf die Erbfreiheit der einen, auf die genehmigten Anmaßungen der anderen, auf die natürlichen Rechte aller. Aber der Staat, der sich als alleiniger Richter seiner Handlungen und als letzte Instanz seiner Streitfälle sieht, der nur der Norm gehorcht, die sein Wille annimmt, und dessen Interesse oberstes Gesetz ist, kann sich als säkularer Gott konstituieren.

Indem Bodin die Souveränität des Staates ausruft, gesteht er dem Menschen das Recht zu, sein eigenes Schicksal zu ordnen. Der souveräne Staat ist der erste demokratische Sieg.

Der souveräne Staat stellt ein juristisches Projekt dar, das der monarchische Absolutismus verwirklicht und die Juristen des Königs von Frankreich sind nicht die Diener einer Rasse, sondern einer Idee. Der Monarch bekämpft die feudalen Mächte, die Rechte der Provinzen, die kirchlichen Privilegien, damit nichts da sei, was seine Souveränität einschränke, denn der Staat muß jedes Recht, das ihm angeblich vorgeht, jede Freiheit, die ihn zu begrenzen sucht, abschaffen. Die monarchische Rechtsprechung greift in die herrschaftlichen Rechtsbezirke ein; die öffentliche Autorität hebt die kommunale Autonomie auf; der staatliche Reformismus ersetzt den langsamen Wandel der Bräuche und der gesetzgebende Despotismus ersetzt vertragliche und vereinbarte Strukturen. Der Absolutismus schwächt die sozialen Kräfte und erzeugt eine zentralistische Bürokratie, die die Untertanen des Königs in Diener des Staates verwandelt, indem sie die politische Funktion usurpiert.

Die Souveränität des modernen Staates wird zum Pluralismus souveräner Staaten, in deren instabilem Gleichgewicht die nationalistische Ansteckung keimt, die die jeweiligen erstickenden Zentralismen mit grausigen Imperialismen krönt.

Da jede demokratische Episode in ihren entschiedensten Förderern, angesichts der sich enthüllenden Ansprüche, einen angstvollen Krampf hervorruft, trägt jede Form der Doktrin eine negative Kopie mit sich, die nur ihr blasses und farbloses Abbild zu sein scheint, aber in Wahrheit ein reaktionärer Reflex vor dem Abgrund ist. In dem Maße, in dem die mittelalterlichen Überbleibsel aussterben, reduziert sich die demokratische Geschichte auf den Konflikt zwischen ihrem reinen Prinzip und ihren reaktionären Befürchtungen, auf die sich als mutmaßliche demokratische Alternativen maskierenden reaktionären Befürchtungen.

Auf die Souveränität des Staates antwortet das göttliche Recht der Könige, welches nicht die religiöse Formulierung des politischen Absolutismus ist, sondern die effektivste Weise, seine Lehre zu verneinen. Das göttliche Recht des Monarchen zu verkünden heißt, dessen Souveränität zu verneinen und die unwiderlegbare Gültigkeit seiner Handlungen abzulehnen. Über den Monarchen göttlichen Rechts herrscht juristisch, zusammen mit der ihn salbenden Religion, das ihm vorangehende natürliche Recht und die ihn mahnende Sitte.

Das Schafott des tragischen Januars hätte ein bloß pathetisches Bild aufgerichtet, wenn man nur einen ohnmächtigen Delegierten des monarchischen Despotismus ermordet hätte, aber die Unmöglichkeit, ein Schisma zu bestätigen, und dabei sein Gewissen zu vergewaltigen, führt den schlaffen und dummen Bourbonen unter dem Schweigen der Hunderttausend und unter Trommelwirbel auf den edelsten seiner Throne.

Die zweite Etappe der demokratischen Invasion setzt an, wenn der Mensch im Rahmen des souveränen Staates diejenige Souveränität verlangt, die ihm die Doktrin einräumt.

Jede demokratische Revolution verfestigt den Staat. Das revolutionäre Volk erhebt sich nicht gegen den allmächtigen Staat, sondern gegen dessen augenblicklichen Machthaber. Das Volk protestiert nicht gegen die Souveränität, die es unterdrückt, sondern gegen die beneideten Usurpatoren. Das Volk fordert die Freiheit, sein eigener Tyrann zu sein.

Indem er die Souveränität des Volkes ausruft, nimmt Rousseau deren volle Verwirklichung vorweg und schmiedet das rechtliche Werkzeug der bürgerlichen Habgier.

Der Erbe der staatlichen Souveränitäten, der Monarch der eingeebneten Gesellschaften, stürzt sich auf eine Welt, die der Gier seines auf den Nutzen bedachten Appetits überlassen wurde. Die These der Volkssouveränität bricht die axiologischen Bande der wirtschaftlichen Aktivität, um die Suche nach einem angemessenen Unterhalt durch das Streben nach grenzenlosem Reichtum abzulösen. Die bürgerliche Expansion erdrückt den Planeten im Netz ihres unersättlichen Treibens.

Die demokratische Ära zeigt eine unvergleichliche wirtschaftliche Entwicklung, denn der ökonomische Wert ist den demokratischen Postulaten teilweise gefügig. Der ökonomische Wert erlaubt eine unbestimmte launenhafte Ausdehnung und sein fester Kern erweitert sich zu willkürlichen elastischen Formen. Der Mensch ist auch nicht der Herr der wirtschaftlichen Werte; aber die mögliche Auswechslung aller und der künstliche Charakter vieler von ihnen machen es möglich, daß der Mensch ihnen gegenüber eine Souveränität zu besitzen glaubt, die ihm der Rest des Universums verweigert. Der wirtschaftliche Wert ist das am wenigsten absurde Wahrzeichen unserer illusorischen Souveränität.

Eine offenkundige Vorherrschaft der wirtschaftlichen Funktion zeichnet die bürgerliche Gesellschaft aus, wo die Wirtschaft die Struktur bestimmt, das Ziel angibt und das Prestige mißt. In der bürgerlichen Gesellschaft begleitet die ökonomische Macht nicht nur die soziale Macht und gibt ihr Glanz, sondern sie schafft sie überhaupt; der Demokrat kann nicht begreifen, daß sich der Reichtum in anderen Gesellschaften aus jenen Ursachen ergibt, die die soziale Hierarchie begründen.

Die Verehrung des Reichtums ist ein demokratisches Phänomen. Das Geld ist der einzige universelle Wert, den der reine Demokrat beachtet, denn es ist das Symbol eines Stücks der nutzbaren Natur und weil sein Erwerb sich allein dem menschlichen Bemühen zuordnen läßt. Der Kult der Arbeit, mit dem sich der Mensch selbst schmeichelt, ist der Motor der kapitalistischen Wirtschaft. Und die Geringschätzung des erblichen Reichtums, der tradierten Autorität eines Namens, der unverdienten Gaben der Intelligenz oder der Schönheit, kennzeichnet den Puritanismus, der hochmütig verurteilt, was dem Menschen nicht durch seine Anstrengung gewährt wird.

Die These der Volkssouveränität liefert der wirtschaftlichen Macht die Führung des Staates aus. Die die demokratische Hoffnung tragende Klasse führt unvermeidlich deren Aggression gegen die Welt an. Das allgemeine Wahlrecht wählt in seinen Versammlungen die entschiedensten Verteidiger der Erwartungen des Volkes aus, aber die gewählten Parlamentarier regieren mit der Bourgeoisie, welche die Talente aufsaugt, für die Bourgeoisie, die den Reichtum vermehrt.

Die bürgerlichen Mandatare des Wahlsystems adoptieren den laizistischen Staat, damit keine axiologische Einmischung ihre Geschäfte störe. Wer gestattet, daß ein religiöser Einwand die Fortentwicklung eines Geschäftes stört, daß ein ethisches Argument eine technische Neuerung verbietet, daß ein ästhetisches Motiv ein politisches Vorhaben abändert, verletzt die bürgerlichen Gefühle und verrät das demokratische Projekt.

Die These der Volkssouveränität übergibt jedem Menschen die souveräne Bestimmung seines Schicksals. Einmal souverän, hängt der Mensch nur noch von seinen Launen ab. Einmal gänzlich frei, ist der einzige Zweck seiner Handlungen der unzweifelhafte Ausdruck seines Wesens. Der wirtschaftliche Raubzug gipfelt in einem armseligen Individualismus, in dem die ethische Gleichgültigkeit sich als intellektuelle Anarchie fortsetzt. Die Häßlichkeit einer Zivilisation ohne Stil bestätigt den Triumph der verkündeten Souveränität, als wäre eine schamlose Vulgarität die von den demokratischen Bemühungen ersehnte Trophäe. In die Flammen der albernen Verkündigung wirft das Individuum – als wären sie heuchlerische Gewänder – die schützenden Riten, die wärmenden Konventionen, die es erziehen durch traditionelle Gesten. In jedem befreiten Menschen gähnt ein schläfriger Affe und erhebt sich.

Das reaktionäre Mißtrauen, das jede demokratische Episode hervorruft, erfindet die Theorie von den Menschenrechten und des politischen Konstitutionalismus, um die Maßlosigkeiten der Volkssouveränität einzuhegen und zurückzudrängen.

Die Folgen der Thesen entsetzen diejenigen, die sie verkünden, und legen ihnen nahe, ihren Irrtum zu beheben, indem sie an unantastbare Menschenrechte appellieren. Dieses Vorhaben zeigt trotz seiner schwachen metaphysischen Begründung seine reaktionäre Herkunft, denn dem souveränen Volk mittels einer feierlichen Prinzipienerklärung oder einer taxativen Verfassung eingeschränkter Rechte einen Teil seiner vermeintlichen Macht zu entziehen, ist ein Verrat an den demokratischen Postulaten.

Der politische Liberalismus erbt die unangenehme Pflicht, die Forderungen zu zügeln, die er zum Teil selbst vertritt. Die intellektuelle Verwirrung, die ihn kennzeichnet, und die geteilte Loyalität, die ihn schwächt, hindern den Liberalismus, sich auf seine offenkundig reaktionäre Abstammung zu beziehen und machen ihn zum verblüfften und wehrlosen Opfer der demokratischen Gewalt. Doch der Liberalismus hat trotz seiner theoretischen Unfähigkeit Reste politischen Scharfsinns behalten.

Die dritte Etappe der demokratischen Eroberung ist die Gründung einer kommunistischen Gesellschaft.

Das klassische Schema des Manifestes bedarf keinerlei Richtigstellung: die Bourgeoisie zeugt das Proletariat, das sie auslöschen wird.

Die kommunistische Gesellschaft entsteht aus dem Prozeß, der ein militantes Proletariat hervorbringt, eine in vereinsamte Individuen zersplitterte soziale Gruppierung und eine Wirtschaft, deren zunehmende Integration eine koordinierte und despotische Autorität benötigt; aber sowohl der Prozeß an sich, als auch sein politischer Triumph sind Folge der religiösen Intention, die sie stützt. Der Kommunismus ist keine dialektische Schlußfolgerung, sondern ein wohlbedachtes Projekt.

In der kommunistischen Gesellschaft enthüllt die demokratische Doktrin ihre Herrschsucht. Ihr Ziel ist nicht die bescheidene Glückseligkeit der jetzigen Menschheit, sondern die Schaffung eines Menschen, dessen Souveränität die Führung des Universums übernehmen soll. Der kommunistische Mensch ist ein Gott, der auf den Staub der Erde tritt.

Aber der menschliche Demiurg opfert die mögliche Freiheit des Menschen um seiner totalen Freiheit willen. Wenn der Ungehorsam des Fleisches sein göttliches

Wohlwollen reizt und nach einer blutigen Belehrung verlangt, so bestätigt der ihn berauschende Mythos die Unschuld des Terrors. Doch schützt ihn kindische Begeisterung noch vor der letzten Niedertracht.

Das demokratische Vorhaben löscht sachte die Lichter eines uralten Kultes. In der Einsamkeit des Menschen bereiten sich obszöne Riten vor.

Die Langeweile dringt in die Welt ein, in der der Mensch nichts findet als die Unbedeutendheit des toten Steins oder die wiederholte Spiegelung seines trägen Angesichts. Wenn er die Eitelkeit seines Strebens feststellt, sucht der Mensch Schutz in der schrecklichen Höhle der verwundeten Götter. Die Grausamkeit lindert seinen Todeskampf.

Der Mensch vergißt seine Ohnmacht und beseitigt die göttliche Allmacht angesichts des nutzlosen Schmerzes eines anderen Menschen, den er martert.

Im Universum des toten Gottes und des abgetriebenen Gottes vermutet das verdutzte Weltall, daß seine Leere die glatte Seide eines Flügels streifte.

Gegen die höchste Empörung erhebt sich eine totale Rebellion. Die vollständige Ablehnung der demokratischen Doktrin ist die letzte kärgliche Festung der menschlichen Freiheit. In unserer Zeit ist Widerstand reaktionär – oder er ist nichts als eine heuchlerische und bequeme Farce.

DEN GUTEN ROMANEN ENTSTEIGT WIE AUS einem Atheistenfriedhof ein Hauch von Nichtigkeit.

Diese literarische Gattung, die sich vornimmt, die parabolische Kurve des Lebens von dessen kotigem Anbeginn bis zu jenem Röcheln zu zeichnen, welches das Vorspiel der endgültigen Gleichgültigkeit ist, ignoriert die launischen Einführungen und die plötzlichen Unterbrechungen, während andere Gattungen es sehr wohl verstehen, jähe Stücke der Existenz abzuschneiden, um sie in betonter, isolierter, schwebender Weise in den ästhetischen Raum zu heben, der sie von ihren vulgären Bindungen befreit.

Die Tragödie, die lyrische Poesie und selbst die Erzählung unterwerfen die Darstellung des Lebens ihren eigenen willkürlichen Absichten. Eine treue Wiedergabe mißachtend, bindet sie nichts an die Monotonie unserer gemeinsamen Natur. Auf der von ihnen plötzlich errichteten Bühne stellt ein schlaues System von Gesten ein edles Abbild des Menschen her.

Aber der Roman, der ein lichtvoller und treuer Schatten zu sein wünscht, macht uns traurig und bedrückt, wenn sein glänzender Spiegel unser wahres Schicksal wiedergibt.

In der anhaltenden Dichte des Augenblicks verankert, verweigert uns die mitleidige Notwendigkeit zu leben die Gesamtschau des Lebens. Wir vergessen, daß in der Abfolge der Tage unsere vorübergehenden Erleuchtungen untergehen, daß ihre matte und schwammige Materie unsere Erregungen eines Augenblicks aufsaugt. In den einander folgenden Dringlichkeiten versteckt unsere kindische und unheimliche Existenz ihren unbeherrschbaren Ekel.

Aber der Roman übergibt unserem augenblicklichen Bewußtsein ein ganzes Leben. In seinem ephemeren und plötzlichen Glanz zeigt uns eine vollendete Existenz schließlich blasse und nichtige Wahrheiten. Die triviale und letzte Weisheit, die das Leben zusammenträgt, indem es sich durch die Jahre dahinschleppt, verdichtet sich in einem Stachel aus Licht.

So sehen wir, wie die eitle Ungeduld unserer Jugend sich in den Sümpfen der senilen Jahre verliert, und wie die Böden aus Binsen und Schlamm ihre niedrigen Horizonte bis zum Rand eines hypothetischen Meeres ausweiten.

So lernen wir, daß einzig die Katastrophe, die der Mensch akzeptiert, daß einzig der Tod, den er bei sich auf nimmt, daß nur das Unglück, das er auf sich nimmt, ihn von der schrecklichen Langmut des Gefangenen befreit, der in einem unbegrenzten Exil vergessen wurde.

DIE FÜR DEN BESITZ VON EVIDENZEN GÜNSTIGEN Augenblicke sind Pausen zwischen den knechtischen Bemühungen.

Damit die Welt in der unbewegten Klarheit des Bewußtseins ihre intelligible Fülle erfaßt und zu ihrem göttlichen Aufstieg ansetzt, ist es notwendig, daß ferne Brisen die Asche des Tages fortblasen; es ist notwendig, daß der Mensch, kaum erlöst vom wilden Tumult, den er bewohnt, seine verlorene Würde wiederherstellt und in der reinen Nacht Unterschlupf findet.

So befreit von der dumpfen Umzingelung seiner Heftigkeiten, taub für die ungebetene Stimme seiner Begierden, beschützt, entzückt, errettet, vergißt der Mensch dann seinen Zustand als bedrängtes Tier.

Um uns zu einem rechten Weltverständnis zu erheben, genügt es jedoch nicht, einer Wissenschaft vom Tode die Weisheit eines wilden Tieres hinzuzufügen. Die menschliche Erfahrung ist reich an obszönen Stoffen und an heiligen Gespenstern.

Fest an seinen vorgeschriebenen Zweck gebunden, gelangt das Tier zur Vollendung, indem es sein Vorüberziehen sichert: Leben ist sein einziger Sieg, Sterben sein einziges Versagen. Nur die Risiken des Lebens bedrohen es im trüben Raum.

Der Mensch hingegen ist nicht bloß ein Tier, das sich einfallsreich den bedrohlichen Gebräuchen des Lebens entgegenstellte. Verfolgt von eigenartigen Bedrohungen, unvorhergesehenen Gefahren ausgeliefert, wird er nicht nur vom Tode bedroht. In Augenblicken der Ruhe, wenn er nichts riskiert und nichts befürchtet, überfällt ihn die Gewißheit des Versagens wie der vorweggenommene Hauch eines Grabes. Ungewöhnliche Erfahrungen durchbohren das glatte Tuch seiner Handlungen. In seiner fiktiven Unversehrtheit nisten Larven. Der Mensch ist das einzige der Langeweile unterworfene Tier; ein Tier fähig zum Irrtum, zur Verkommenheit, zur Sünde.

Unser Dasein ist dennoch im plötzlichen Urwald nicht gefährdet. Der Mensch erfährt die Offensichtlichkeit des Scheiterns, ohne sein unberührtes Fleisch zu verletzen. Weder der Irrende, noch der Verkommene, noch der Sünder zerbrechen die Werkzeuge des Sieges. Um im schlammigen Strom zu schwimmen, muß man weder weise sein noch heilig noch edel; und für gewöhnlich darf man es nicht sein. Das Leben ignoriert die inkohärenten Bedrohungen.

Tatsächlich ist die Langeweile keine mitleidige, aufmunternde Schlaffheit, keine Vorsicht, die von Exzessen abhielte, sondern Hunger im Überfluß. Indiz eines aus seinen Nebeln aufsteigenden Bewußtseins, das dann unbekannten Ränken unterliegt, gräbt die Langeweile die ersten menschlichen Züge in das Gesicht der Bestie. Der sich langweilende Mensch steigt zu einer gleichgültigen vitalen Verfügbarkeit auf; zu jener horizontalen und ebenen Terrasse, wohin die dumpfen Geräusche wehen, die die Aggression des Schicksals vorhersagen. Mit der Langeweile beginnt der Pilgerzug des Scheiterns.

Der Irrtum entledigt uns dennoch der ersehnten Beute nicht: der Irrtum ist keine fehlgeschlagene Voraussage, keine Berechnung von Wirkungen, die dorthin gestellt wurden, wo eine genaue Manipulation sie verrät; der Irrtum verträgt sich mit jeder Erfolgsserie. Irrtum ist das Urteil, das kein Experiment widerlegt und eine tiefere Erfahrung in Verwirrung bringt; Irrtum ist die Behauptung, die kein Vernunftschluß zurückweist und die die geistige Reife Lügen straft. Irrtum ist der Glaube von gestern, der uns heute vor Scham erröten läßt.

Die Verkommenheit ist nicht die Summe der Katastrophen und Unglücke, sondern der Schlußpunkt fortgesetzter Konzessionen an die Notwendigkeiten des Lebens. Die Verkommenheit ist die Kraftlosigkeit den Forderungen der Prinzipien gegenüber, Untreue angesichts unserer innigsten Vorhaben. Verkommenheit heißt: unsere echten Wünsche dem Genuß der Beute zu unterwerfen.

Die Sünde schließlich ist nicht die Vernachlässigung effizienter Rezepte oder die Übertretung ethischer Verbote. Sünde ist Schwerfälligkeit. Die Sünde ist das Echo derjenigen Beleidigung, die unsere fleischlichste Liebe kränkt. Sünde ist das Nichtbefolgen eines stillen Rufes. Sünde heißt Schuld vor einem unbekannten Gericht.

Opfer also der Langeweile, die in der mittäglichen Unruhe wie in der Ruhe des Abends steckt, beschämt durch den Irrtum, der ihn beleidigt, abgeschlagen durch die Kapitulation seiner Trägheit, sprachlos angesichts absurder Wunden, strandet der Mensch an einem verhöhnten Schicksal, sammelt der Mensch Zeugnisse des Scheiterns.

Doch das Scheitern ist Entbehrung, Raub entweihter Rechte, farbloses Brandmal einer Beleidigung, öde Spur einer Abwesenheit, klarer Schatten eines Exils. Wenn der Leichnam die kurzlebige und zerfallende Spur eines verbannten Lebens ist; so sind die Langeweile, der Irrtum, die Verkommenheit und die Sünde Spuren von Werten.

Der Mensch ist das zwischen Präsenzen und Schatten hausende Tier. Der Mensch ist die Existenz, die die Grenzen ihres ursprünglichen Raumes überwindet. Der Mensch ist das Bewußtsein von viel mehr als seinem Leben.

Das Bewußtsein des Menschen bewegt sich nicht in der Welt, sondern die Welt im Bewußtsein. Die wagemutigsten Flügel kreisen in seinem Himmel.

Dennoch ist das menschliche Bewußtsein kein abstraktes Schema, sondern ein konkreter Zustand, eine absolute Forderung, die an ein Fleisch gebunden ist.

Das Bewußtsein ist kein abstraktes Korrelativ des Objekts, sondern eine Präsenz, die liebt und haßt.

Das Bewußtsein ist kein blutloses Gespenst, in einem Feuerhimmel schwebend wie eine Pupille im Weltraum. Das Bewußtsein ist unverwechselbare Individualität, unwiderlegbare Zeitlichkeit, offenbare Räumlichkeit. Das Bewußtsein ist Person zu einem Zeitpunkt und an einem Ort.

Der konkrete Zustand ist kein subjektiver Modus, sondern die Unauflösbarkeit eines Bewußtseins und dessen Welt. Die Natur ist gegebene Totalität in gleichzeitiger Fülle.

Die Beziehung zwischen dem Subjekt und seinem Objekt ist die Beziehung zwischen einem leibhaftigen Bewußtsein und seiner eigenen Erfahrung. Das Subjekt ist nicht reine Wahrnehmung, das Objekt nicht dumpfe Erfahrung.

Die Erfahrung ist nicht jungfräuliche und brachliegende Erde, der sich ein Bewußtsein bemächtigt, ein totes Tuch, das wir in verteilbare Stücke zerschneiden. Die Erfahrung ist eine Summe intentionaler Akte eines individuellen Bewußtseins und die Summe der von den Akten beglaubigten Daten. Alle Erfahrung ist an ein Bewußtsein gebundenes Objekt.

Nur der Mythos eines unpersönlichen Bewußtseins begründet die Annahme einer einförmigen Erfahrung. Übersetzen wir also jede Frage in Symbole, die einer bevorzugten Erfahrung zugehörig sind, so zerstören wir keine Mythologie, sondern erliegen einem Mythos.

Die Evidenz des konkreten Zustands zu behaupten, heißt allerdings nicht, die Gültigkeit einer Aussage auf den bloßen Ausdruck des Subjektes zu beschränken; auch nicht, sie zum Ergebnis eines objektiven Kontextes zu reduzieren, der sie bedingt. Eine totale Subjektivität setzt die vorherige Definition einer unpersönlichen Erfahrung voraus, die sie definiert. Die Definition eines objektiven Kontextes greift auf ein unpersönliches Schema zurück. Der Relativismus des subjektiven Ausdrucks und der Dogmatismus der äußeren Konditionierung sind maskierte und tückische Formen vom Mythos des abstrakten Bewußtseins.

Der Mythos vom unpersönlichen Bewußtsein verletzt die Evidenz des konkreten Zustands und beschränkt uns also auf die bloße Annahme des Bewußtseins als Spiegel der Welt und auf die Untersuchung der in seiner einzigartigen Erfahrung gebotenen Daten.

Das Bewußtsein als konkreter Zustand ist dennoch Bewußtsein in immerwährender Veränderung. Seine Erfahrung verändert sich mit dem sie betreffenden Zustand. Von einem anderen Zustand aus betrachtet, ist der heterogene Zustand eine undurchsichtige Behauptung. In jedem konkreten Zustand ordnet sich eine andere Erfahrung. Den konkreten Zustand anzuerkennen heißt, auf jede fremde Bestimmung zu verzichten und als Norm einer Behauptung die unersetzliche Erfahrung anzuerkennen, die sie hervorruft. Der Wald ist ökologisches Umfeld des Hirsches, Reichtum des Holzhändlers oder ängstigendes Halbdunkel.

Es genügt also nicht, daß eine aktuelle Erfahrung eine Behauptung bestätige, damit es legitim wäre, darauf eine globale Erklärung zu stützen. Ihr Zutreffen impliziert nichts hinsichtlich der genauen Bedeutung, die ihr zukommt. Die Bedeutung hängt von der Erfahrungsebene ab, aus der sie stammt. Das Universum ist nicht die Summe der von einer einzigen Erfahrung gebotenen Daten, sondern die Struktur konkreter Zustände samt die sie betreffenden Erfahrungen.

Weil das Bewußtsein im konkreten Zustand Bewußtsein in ständiger Veränderung ist, und weil der konkrete Zustand historischer Zustand ist, befreit uns die Geschichte sowohl vom Mythos einer einzigen Erfahrung, als auch von unserer individuellen Beschränkung.

Die Geschichte ist das Inventar der Erfahrungen der Gattung. Weder Kabinett wunderlicher Handwerkszeuge; noch fordernde Doktrin: kaum kurze Glossen. Eine Theorie des Universums ist dennoch keine Theorie der Geschichte; sondern eine von der Geschichte erlaubte Theorie dessen, was sie zuläßt. Die Geschichte erlaubt ihrerseits die Theorie, weil die Wechselfälle des individuellen Bewußtseins das Begreifen der Geschichte erlauben.

Wenn die Flucht aus dem konkreten Zustand eine unmögliche Tat ist; wenn wir, um zu sein, unvermeidbar immer jemand und an irgendeinem Ort zu irgendeiner Zeit sein müssen, so gleitet unsere persönliche Identität nicht immer wie ein unversehrter und regungsloser Reisender durch die veränderliche Zeit, durch den umkehrbaren Raum. Unter plötzlichen Umständen schüttelt eine geologische Erschütterung das Bewußtsein, verändert sein Profil, verwandelt seine Fauna und seine Flora. Klimakterische Krise, die nicht durch das Erscheinen eines neuen, unbekannten Objekts ausgelöst wird; Abfließen gestauter Wässer, die nicht durch die Entfernung eines hemmenden Objekts befreit werden. Grobe Vertauschung der Grundlage, die keine Katastrophe der Objekte ist. Die plötzliche Veränderung betrifft die Erfahrung selbst. Neue Vision eines unveränderten Schauspiels; neue Art, identische Dinge zu sehen. Dieselbe Sonne bescheint denselben Raum, aber ihr Licht verströmt nicht die gleiche Klarheit.

Der Mensch, der ein verändertes Universum betrachtet, ist ein Bewußtsein in neuem konkreten Zustand, in dem sich einst dunkle Behauptungen als evident ergeben. Verstehen heißt in der Tat nicht, Daten zu sammeln oder sie in verschiedene Schemata einzuordnen, sondern in einem Zustand zu sein, der einem früheren Zustand verwandt ist. Wenn sich das Bewußtsein verändert, erwacht ein Stern wieder zum Leben. Die Abenteuer des individuellen Bewußtseins sind die Hermeneutik der Geschichte.

Jede Geschichte ist entweder zeitgenössisch oder nichts. Das Universum ist keine Unendlichkeit von Punkten, die in einem Bündel paralleler Linien zwischen zwei Unendlichkeiten geordnet wurden, sondern permanente Möglichkeit identischer Erfahrungen. Der konkrete Zustand ist also nicht bloßer empirischer Zustand, gleichgültige Situation augenblicklicher Ereignisse, sondern Teilnahme an einer Erfahrung, in die die Intentionalität verschiedener Bewußtheiten einmündet. Ohne die Zugehörigkeit zu einem konkreten Zustand abzulehnen, ist die Erfahrung doch eine Schicht einer unabhängigen Struktur. Das Universum ist nicht die schlichte Summe konkreter Zustände, sondern die objektive Struktur von Erfahrungen.

Weil jede Erfahrung eine Gesamtheit von wahrnehmbaren Daten in einem bestimmten konkreten Zustand ist, ist die Wahrnehmung der Akt, der das Bewußtsein in Besitz nimmt. Aber die Wahrnehmung ist keine passive Empfänglichkeit angesichts des Eindrucks der Objekte, sondern eine durch einen gewählten Wert fokussierte und geleitete Intentionalität. Wahrnehmbare Objekte gibt es nur im Lichte eines Wertes. Die Erfahrung ist objektive Funktion einer Wahl.

Wenn jedoch alle Erfahrung nur von einer Wahl abhängt, und andererseits nur von einem konkreten Zustand abhängig ist, so ist der konkrete Zustand eine Wahl. Der konkrete Zustand ist wirkliche Wahl: Verschmelzung von Wert und Sein. Die abstrakte Struktur des Universums besteht aus Wahlmöglichkeiten.

Das Sein erweist sich tatsächlich nicht als letzte Einheit, sondern als nicht reduzierbare Pluralität. Das Sein ist unendliche Gegenwart von Seiendem. Aber im schwülen Urwald verläuft sich unser trunkenes Wandern, wenn die Vernunft sich nicht an die Architektur der Zweige hält. Jenseits der ursprünglichen Pluralität verteilt sich das Sein in einer Ordnung ontologischer Ebenen, in der jede Ebene letzter Zustand ist und keine das Privileg grundlegender Realität in Anspruch nimmt. Die ontische Vielfalt ist dennoch bloße Verschiedenheit des Modus, ein weißes Leinen bestickt mit transzendenten Konkrementen; doch stellen die Modi einen unauflösbaren Zustand dar und das Sein jedes Modus ist sein Modus zu sein.

Ein neutrales Sein, ein gleichgültiger und ursprünglicher Stoff des Seins, ist eine unverständliche und eitle Fiktion. Die Passivität des Seins ist eine Wahl (Option), und eine Wahl ist auch seine Aktivität. Jedes Wesen ist eine konkrete Wahl. Zu sein heißt: auf eine Wahl gegründet zu sein.

Die Wahl ist der Akt, in dem sich das konkrete Sein zeugt, die laue und feuchte Grotte der ontischen Vermählung. Die zeitlose Verschmelzung zweier Prinzipien, geboren in derselben Schmiede, die sie verschmolzen hat, ist eine Wahl. Wahl ist das Anhaften des Seins an einem Wert.

Wert und Sein stehen sich nicht in unbeweglicher Fruchtlosigkeit gegenüber: Das Sein ist keine unergründliche Autonomie nackter Tatsachen; der Wert ist kein Himmel schwebender Gegenwarten. Wert und Wesen sind gleichzeitig in der Wahl gegeben, die das konkrete Seiende ist. Jeder Wert ist die Wahl eines Seienden. Jedes Seiende ist ein gewählter Wert. Wert ist der Ruf, dem ein Sein folgt. Sein heißt: Antwort sein auf die rufende Stimme.

Wert ist alles, was der Wahl unterliegt. Aber der Wert ist keine rohe Tatsache, die von der Natur eines Seienden verwandelt wird; noch ist er ein äußeres, geisterhaftes und gebieterisches Dasein, dem sich ein Sein nähert. Die Wahl ist keine Geste, der ein Zustand von Gleichgültigkeit voranginge und die eine plötzliche Darstellung oder eine unparteiische Notwendigkeit verlangte. Der Wert ist der Grund des ontologischen Zustands, der Grund des ontischen Verhaltens.

Jedes Wesen ist eine konkrete Wahl, doch die Wahl, die es begründet, ist keine willkürliche Handlung. Das Wesen wählt den Wert, für den es sich entscheidet, nicht in einem mythischen Himmel aus. Das konkrete Wesen ist ausgesprochene Antwort, geprägte Berufung.

Die Freiheit eines konkreten Wesens ist nicht die Freiheit einer gleichgültigen Wahl, sondern die Freiheit, eine unentrinnbare Berufung abzuweisen oder anzunehmen. Kein Wesen weist sich selbst den Wert zu, für den es optiert: dessen Annahme ist keine Option, sondern die Befolgung des gewählten Wertes; dessen Abweisung heißt nicht, den Wert zu ignorieren, sondern sich zu empören. Die Freiheit besteht in einem Raum, den die Wahl umschreibt. Gegenüber den Dingen, die nicht zur Kenntnis genommen werden, ist die Freiheit nichtig. Angesichts des abgelehnten Wertes ist die Freiheit keine unparteiische Behauptung, sondern gegensätzliche Behauptung. Sich gegen das Gute zu empören heißt, sich dem Bösen zu ergeben. Die Freiheit ist keine abstrakte Potenz; sondern das Verhalten eines konkreten Wesens einem Wert gegenüber.

Die Totalität des immanenten Seins gliedert sich in eine Skala von Freiheiten: von der Option ohne Freiheit, über die Freiheit einer einzigen Option gegenüber, bis hin zu einer Pluralität von Freiheiten angesichts vieler Optionen. Vom Bestand der Materie, über die Existenz des Lebens, bis hin zur Transzendenz des menschlichen Bewußtseins.

Der Bestand der Materie ist Wert: Vorrang des Seins eines Wesens vor dem Nichtsein des Nichts. Die Materie ist reine Kontingenz, Identität mit sich selbst, die auf eine augenblickliche Instanz beschränkt ist. Die Materie ist das Sein, das sich in ein unvorhersehbares Bestehen schickt. Die Materie ist das Ticken einer abwesenden Uhr, welche die Ewigkeit mißt.

Das Leben ist ein Wert. Leben heißt, sich für das Leben zu entscheiden.

Leben ist die Seinsweise, die auf der Flucht vor seiner reinen Kontingenz gegeben ist; die Weise des von der tödlichen Kontingenz gefährdeten Seins, die es dem Nichts übergibt; die Weise aber, die dem Eindringen der Nacht ausweicht und sich selbst enteignet. Leben ist das Sein, das sich selbst verstößt und in eine verheißungsvolle Äusserlichkeit flieht, in einem Bestehen entfremdet, das seine Umwandlung durch die unmögliche Gründung einer erlösenden Identität ersetzt. Leben ist das Sein, das mit einander folgenden Augenblicken das Fleisch seiner Zeitlosigkeit nährt. Leben ist, was nicht Subsistenz, sondern Existenz hat.

Leben ist, was entrückt, blind, weihevoll nach einem Endzweck ohne Ziel strebt. Das Leben ist eine eilende Sehnsucht nach unbestimmter Finalität. Das Leben erreicht es nicht, sich in irgendeiner seiner Gemarkungen zu erschöpfen; und seine Finalität ist kein letzter Zustand, sondern sein Weg selbst. Jede biologische Struktur ist eine Spur der wandernden Finalität und zwar in einem definierbaren Kontext.

Ihre zufälligen Pausen verfestigen sich als Stufenreihe der Entwicklung und die Organismen sind Momente der Finalität, die als vorübergehende Gestalt des Gleichgewichts aufgehalten wird. Aber die Finalität widerruft ihre scheinbare Stabilität, indem sie nach neuen Zielen hinstrebt, und der Organismus ist das Umfeld, in dem die Finalität wieder erwacht, um neue Gegenden anzugreifen. Angepaßt an die Grenzen seiner Aufteilung, ahmt das Leben unter verschiedenen Umständen seine elementare Geste nach.

Die Finalität der tierischen Existenz geht nicht über das Begehren einer trotzigen Verlängerung hinaus und selbst die Verbreitung der Spezies beginnt als Werk dieser Bemühung. Das Tier ist Leben, das sich zu leben bemüht. Die Welt, in der es lebt, stellt lediglich eine diesem Streben feindliche oder freundliche Struktur dar. In der tierischen Welt gibt es kein Objekt ohne Bezug zum Leben.

In die Welt eingefügt, die es behaust, hält sich das Tier innerhalb eines totalen Raumes auf, in dem subjektive Innerlichkeit und die Äußerlichkeit des Objektes divergierende Postulate sind: die Äußerlichkeit ist verlassene Intimität; die Intimität in Besitz genommene Äußerlichkeit. Das Subjekt ist unbestimmte Einstülpung; das Objekt unbeschränkte Abblätterung. Der Körper ist augenblickliche Form, in der sich die Tendenzen ausgleichen.

Die tierische Existenz pendelt zwischen der Wahrnehmung des ursprünglichen, in eine Situation gesetzten Organismus – ein halbgelöster Knoten zentrifugaler Wirbel – und dem menschlichen Bewußtsein, wo sich die Intimität zu einem rätselhaften Kern verfestigt und in einen Abgrund eingräbt. Die tierische Natur erfährt im Menschen die höchste Spannung: die Innerlichkeit verabsolutiert sich als Bewußtsein, die Äußerlichkeit als Raum. Das Leben verfeinert sich als verschwommenes, nicht greifbares Bewußtsein; die Materie kristallisiert sich in starren räumlichen Gerippen. Raum und Bewußtsein stehen wie verfeindete Bestien einander gegenüber.

Als ein von der Totalität des Lebens getrenntes und zu umzingelter Einsamkeit gedrängtes Tier, als ein vor der unerlösten Äußerlichkeit der Materie aufgerichtetes Bewußtsein ist der Mensch ein zur unvorhersehbaren Drehung um seine unfaßbare Achse fähiges Wesen – und zur räuberischen Ergreifung seiner selbst. Der Mensch ist die Existenz, die fähig ist, sich selbst zum Objekt ihres Bewußtseins zu machen; und daher auch fähig, von seiner Stellung als austauschbares Exemplar seiner Spezies zur Würde eines unersetzlichen Individuums aufzusteigen.

Aber die reine Individualität ist eine bloße abstrakte Möglichkeit, sich selbst als konkrete Person zu schaffen. Die Individualität ist die Arena eines unvermeidbaren Kampfes. Das Individuum ist die Verpflichtung, sich selbst ins Werk zu setzen. Die Individualität ist die Berufung zur Personwerdung. Wenn die homogene Fläche der Spezies in rauher individueller Unterscheidung Streifen und Voluten formt, so begegnet jedes Individuum der Berufung, von der es erwählt wurde, der privaten Evidenz, von der es gerufen wird. Das Individuum ist das Wesen, das sich als Person strukturiert, weil seine Handlungen sich zur Option unbekannter Werte koordinieren.

Die tierische Existenz ist Freiheit vor der Option eines einzigen Wertes. Der Suizid krönt und beschränkt sie. Der Mensch ist Freiheit vor einer Vielzahl von Optionen. Jede Person ist eine andere Option oder eine andere Summe von Optionen; Annahme oder Ablehnung, teilweises Einfügen oder teilweise Empörung.

Als ein zwischen verschiedene Werte gestelltes Bewußtsein kann sich der Mensch weder in seiner Option verlieren noch sich ihr bloß anschließen, ohne eine bewußte Haltung einzunehmen. Weder ist die Materie vergessenes Substrat; noch das Leben reine Existenz; noch sind die urwüchsigen Werte erfüllte Transzendenz. Die bewußte Haltung, die verschiedene Optionen vergleicht, spaltet das konkrete Wesen in Wert und Sein, zeugt die axiologischen Kategorien und verlangt von der Vernunft ein unterscheidendes Verhalten.

Angesichts des Wertes der vorhandenen Materie – die bloße Option ohne Freiheit ist – erarbeitet der Mensch die Wissenschaft der reinen Identitäten und der notwendigen Bestimmungen. Die materielle Ebene des Universums kann in einem System von Gleichungen aufgehen. Da indes die Notwendigkeit der freien Vernunft unterworfen ist, die sie denkt, verwandelt sich die Formulierung der Akte in ein Werkzeug für die Aneignung der Welt. Die Technik ist die Bahn des unerbittlichen menschlichen Handelns.

Die Vernunft ist dem Leben gegenüber Geschicklichkeit, Versuch, Fähigkeit, Schlauheit. Die Vernunft ist eine Fortsetzung des Instinkts. Der Wert des Lebens verästelt sich im Laubwerk der Werte: der Wert des bloßen Daseins, eines diffusen Wohlgefühls des sexuellen Vergnügens, des Stolzes. Werte des organischen Wohlergehens, die als ökonomische Werte immer verwickelter werden.

Die Langeweile ist eine düstere Ermahnung der Befreiung des Menschen. Der Überdruß verrät, daß sich die sinnlichen Werte verflüchtigt haben.

Sinnlichkeit ist das Mark des sinnlichen Objekts. Sinnlichkeit ist die trübe und laue Dichte des Objekts und der Halbschatten, der sich zur Fülle erhebt. Sinnlichkeit ist die Farbe, die sich hinter ihrer klaren Durchsichtigkeit verdichtet, die Form, die die innere Vervielfachung ihres Volumens saturiert. Sinnlichkeit ist die Härte des Steins im Stein; der Duft der Blüte in der Blüte; das Aufsteigen der Flamme in der Flamme. Sinnlichkeit ist das von Zwecken und Hörigkeiten befreite Sein; das Sein als innere Bestimmung seiner selbst, in seiner kompakten Autonomie geprägt. Sinnlichkeit ist die Person, deren bloßes Sein uns genügt. Sinnlich ist diejenige Aneignung, die die Integrität des Objekts nicht verletzt; der Akt, für den das nackteste Fleisch erblüht wie eine kristalline Verherrlichung.

Der ästhetische Wert ist die Evidenz eines unwiderlegbaren So-seins. Der ästhetische Wert ist die Wahrheit einer Natur, reines Anhaften an einer Essenz. Wahrheit ist nicht das Wahrnehmen von Objekten, nicht die Betrachtung von Ideen, nicht die Kohärenz von Prinzipien, sondern der Besitz eines konkreten Allgemeinen. Wahrheit ist jener Akt, der in der Materie des Objekts die unerschöpfliche Fülle des Seins erreicht. Die Wahrheit ist Schönheit, eine Evidenz, in der sich das Objekt in der Unbeweglichkeit seiner Essenz vollendet.

Der ethische Wert ist keine Norm, sondern ein Raum, den die Norm freigibt. Das Gute ist das, was von der Gerechtigkeit erlaubt und von der Nächstenliebe erreicht wird. Das Gute ist das, was die Treue offenbart, was die Bescheidenheit bestätigt. Das Gute ist Ergebung des Bewußtseins in seinen authentischen Auftrag: innere Fülle, in der sich der Gehorsam erfüllt.

Die religiösen Werte sind die letzte Ebene des Universums, die Grenze unserer irdischen Natur, Tor der göttlichen Transzendenz. Die Sünde ist die Wunde der letzten menschlichen Ablehnung. Die Sünde ist Evidenz der höchsten Beleidigung und Triebfeder der höchsten Verherrlichung. Sünde ist das Refugium des von einer schrecklichen Liebe verfolgten Menschen. Sünde ist das Zeugnis unseres triumphalen Elends.

Nur die Werte der Materie und des Lebens sind kollektives Eigentum der Spezies. Eine wissenschaftliche Aussage ist für jeden einzelnen Menschen gültig; die vitalen Werte gelten für alle, falls nicht ein späterer Wert sie in einer konkreten Option beschränkt, verändert oder aufhebt. Aber die Werte, die der Mensch nicht mit seinen tierischen Vorgängern teilt, sind dem einstimmigen Einverständnis oder der mehrheitlichen Annahme gegenüber gleichgültig. Ihre Wahl ist ein persönliches Abenteuer und ein historisches Ereignis.

Die Option fügt sich nicht in ein Geflecht notwendiger Determiniertheiten, verketteter und verbundener Schicksalsschläge ein, sondern in den breiten Diskurs des Schicksals. Die Option ist ein Angebot an unseren letztgültigen Willen, aber unsere Antwort befreit uns nicht von unserer historischen Situation. Jede individuelle Berufung fügt sich in breitere kollektive Berufungen ein. Die menschliche Geschichte ergibt sich aus der willkürlichen Berufung, der Freiheit angesichts des Wertes und der unpersönlichen Verknüpfung zwischen den erwählten Optionen. Aber die Geschichte trägt in sich kein anderes System als die Geschichte selbst. Nichts erlaubt uns, sie aus einem Prinzip abzuleiten oder sie auf eine letzte Instanz zu beschränken.

Der Mensch erfüllt seine Optionen in der Geschichte seines Lebens. Die Option findet ihren Niederschlag im Fleisch der Tage. Es gibt nur inkarnierte Werte. Das Universum ist eine Fabrik für ununterbrochene Inkarnationen. Das Universum dreht sich um eine göttliche Inkarnation.

Der Wert ist kein blasses Versprechen, sondern Realisierung in der unreinen Materie. Der Wert ist nicht geläuterte Unreinheit, sondern auf sich genommene Unreinheit. Der Wert ist nicht die Liebe zu einer herausragenden Eigenschaft, sondern Liebe zu einer konkreten Person. Der Wert ist keine bildhafte Idee, keine poetische Eingebung, sondern ein gemaltes Bild, ein Gebilde von Worten. Der Wert ist kein aufzählender Dekalog, sondern ein gerechtes Leben. Der Wert ist nicht tönende Verneigung, sondern gehorsame Heiligkeit. Der Wert ist nicht Formel, sondern Werk.

Aber das Werk ist kein Wert. Das Werk ist keine autonome Gegenwart, sondern ständiger Aufenthaltsort einer menschlichen Evidenz. Das Werk ist Schöpfung. Der Mensch unterwirft die Materie einer Absicht, die nur durch die Erfüllung definiert wird; der Mensch erzeugt den Körper eines Wertes, auf dessen Ruf er antwortet. Aber der Wert ist nicht die Beute einer geistigen Jagd: das Werk ist Jagd und Beute.

In der Sitte und in der Technik, im Verhalten und im Ritus, in der Doktrin und im Kunstwerk erstellt der Mensch ein Gebilde von Leitgedanken, ein Rezeptbuch der Akte. Das Werk ist weder Wert noch Wertschöpfung, sondern eine genaue Reiseroute, eine Portulankarte himmlischer Gefilde. Das Werk ist das Ziel unserer Handlungen, denn es ist das einzige Medium unserer eigenen Ziele. Der Mensch schafft, daß ein Wert wirklich werde. Durch die Werke hindurch erspäht der Mensch die Werte.

Da der Mensch nicht in übereinander geordneten Ebenen und auch nicht in abgeschotteten Abteilungen lebt, sondern in einer nach einer Mehrzahl von Zielen hin orientierten wirren Gesamtheit, verquicken und vermischen sich seine Handlungen in verschiedenen Kombinationen. Seine Werke sind niemals die eindeutige Verwirklichung eines einzigen Wertes. Ein religiöser Ritus erfüllt ästhetische Forderungen, ein ökonomischer Prozeß befolgt ein ethisches Verhalten, ein Stilleben tut ein politisches Programm kund. Seine Werke bilden spezifische Verbindungen.

Die Gesamtheit der menschlichen Werte stellt also kein Universalsystem dar, sondern eine Vielzahl historischer Zivilisationen. Jede Zivilisation ist eine Grundeinstellung, die eine Hierarchie von Werten erstellt. In jeder Zivilisation ist die Autonomie der axiologischen Gebiete einer bevorzugten Option unterworfen. Wenn aber die Zivilisation durch ein inneres Prinzip strukturiert ist, so ist sie nicht ein Ziel, das der Mensch anvisiert, sondern das schlichte Resultat von Handlungen, die eigene Ziele anstreben. Die Individuen, durch deren Mühe eine Zivilisation erbaut wird, beschäftigen sich nicht damit, sie zu errichten, sondern wollen ihre jeweilige Aufgabe erfüllen. Zivilisiert sein heißt, die Zivilisation zu vergessen, um sie zu verwirklichen.

Als definierbares Wesen, als bewußte Darstellung, ist die Zivilisation die Summe der Akte, die wir nicht mehr vollbringen, der Aktivitäten, die wir nicht mehr teilen, der Werke, die wir nicht mehr zu schaffen vermögen. Die Zivilisation ist geronnener Baumsaft, Klarheit, die in regungslosen Kristallen erstarrt ist. Zivilisation ist die Spur weicher Füße, die entflohen sind.

Die Zivilisation ist der Begriff, der in Intervallen der Barbarei entsteht. Von dieser Plattform wundersamer Ruinen und ausgefallener Beutestücke Ausschau haltend, synthetisiert ein gieriger Beobachter die Aktivität und die Produkte einer Gesellschaft, die ihn blendet. Die Zivilisation ist das Gespenst, das eine hervorragende Gesellschaft auf Horden projiziert, die ihre Grenzen umgeben.

Barbarei ist keine militärische Vernichtung, sondern die Entfremdung des Menschen; unvorhergesehene Regression, plötzlicher Rückschritt hin zu einer auf biologische Bedürfnisse beschränkten Existenz. Barbar ist, wer den nackten Stolz des Lebens auf teilnahmslosem Boden errichtet. Barbar ist nicht der Angehörige primitiver Zivilisationen, sondern der Mensch, der nur an Begierden und Erinnerungen teilhat. Barbar ist der ärmliche Nachbar einer Gegenwart, die ihn verwundert; Barbar ist der Nachfolger, dem eine Vergangenheit, die ihn erniedrigt, entzogen wurde.

Als Nomade, den der siegreiche Sturmangriff in einer verwüsteten Stadt beherbergt, kniet der Barbar vor einem ehrwürdigen, heiligen Gegenstand, der seinem Leben fremd ist. Der Barbar bewundert die Produkte unbekannter Bedürfnisse. Der Barbar schätzt diese Werke, die sich auf ihm fremde Werte beziehen, als Zweck ihrer selbst; Dinge, die ihn verführen wie die Düfte einer flüchtigen Erinnerung. Für den Barbaren ist die Zivilisation ein faszinierendes Spiel. Sein stummer Respekt befreit ihn nicht von seiner ursprünglichen Natur, noch befreit er ihn von seiner hartnäckigen Spontaneität.

Wenn der Begriff der Zivilisation der Fund eines den höchsten Aufgaben des Menschen entfremdeten Menschen ist, so bedeutet seine Verwendung lediglich die Gegenwart eines Menschen, der der konkreten Zivilisation, die er bezeichnet, fremd ist. Um einen Begriff zu finden, der die universelle Barbarei dessen verrät, der ihn erfindet, müssen wir auf den Begriff Kultur zurückgreifen.

Kultur ist tatsächlich die Gesamtheit der Aktivitäten, die auf sich selbst als Ziel ausgerichtet sind. Kultur ist die Auslassung oder Vernachlässigung des jeder Aktivität eigenen Zieles und dessen Ersetzung durch die Aktivität an sich als Ziel. Religiöse Kultur ist nicht Beschäftigung mit dem Sakralen, sondern mit der Religion; die philosophische Kultur ist keine Sorge um die Wahrheit, sondern um die Philosophie. Ästhetische Kultur ist nichts Schöpferisches, sondern Information und Kultus.

Die Kultur ist eine Erfindung des Menschen, um die vordringlichen Aufgaben durch gelassene Beschäftigungen zu ersetzen. Die Kultur besänftigt den Verdacht unserer Unzulänglichkeit und indem sie unsere Aufmerksamkeit mit ernsten Dingen beschäftigt, enthebt sie uns auf köstliche Weise von jeder Ernsthaftigkeit. Die Kultur ist eine Methode, um die Fragen des Schicksals zu zähmen. Kultur ist Jagd auf gefangenes Wild.

Als Symptom einer totalen Entfremdung des Menschen ist die Kultur die Spur eines vergangenen Brandes.

Starr vor Staunen angesichts des Glanzes der ihn beruhigt, vernachlässigt der Mensch den Wert, der in den von ihm verehrten, edlen Wesenheiten brennt; und er nimmt nun die wuchtige Größe als legitimes Eigentum seiner bloßen Natur an. Der Mensch bewundert seine Werke und vergöttert bald die eigenen Hände.

Der Mensch vergißt bald die Funktion, die seine Werke erfüllen und ordnet ihnen den Wert zu, den sie lediglich verkörpern. Das Werk erhebt sich zur einzig zu verehrenden Wesenheit; in seinem Schatten verblassen und entweichen die großen axiologischen Erscheinungen.

Das Werk scheint als eine Schöpfung des Menschen allein vom Menschen abzuhängen; sein Wert ist ein Abglanz des Menschen, der es erzeugt. Der Wert verläßt das Universum und haftet der menschlichen Natur an. Der Mensch gründet den protzigen Kult seiner selbst.

Die fromme Prozession baut nacheinander Altäre auf: dem Individuum, der Vernunft, dem Genius und der Menschheit. Aber der Mensch entlarvt die vergänglichen Verfälschungen der von ihm verfolgten flüchtigen Gottheit und pfercht schließlich den weichenden Schatten in die düstere Krypta seiner Freiheit ein.

Die Freiheit ist das letzte Mittel des sich suchenden Menschen und die einzige Definition von sich selbst, die er akzeptiert. Da die Abweisung des Zufälligen und des Fremden tatsächlich eine Großtat unserer Freiheit ist, fällt die Freiheit notwendig mit unserer absoluten Reinheit und unserem radikalen Anderssein zusammen.

Wenn der Mensch sich auf Freiheit gründet, so ist jede freie Handlung ein Wert, und jede Unterwerfung ist eine dumme Notwendigkeit, jeder Widerstand ein brutales und dummes Hindernis. Nur das aktuelle Gewebe der Tatsachen beschränkt ihn, aber der Mensch ist virtueller Herr seines Schicksals, virtueller Eigentümer der Welt.

Aber die absolute Freiheit, die zu einem einzigen Wert erstarrte Freiheit, die gegen die unabwendbare Wahl rebelliert, ihrer geheimen Berufung gegenüber taub ist, ist eine Freiheit ohne Absicht, Finalität und Ziel. Freiheit, die sich selbst bestimmt, bestimmt sich zu nichts.

Eine absolute Freiheit fordert den Selbstmord als einzig endgültige Äußerung. Wenn aber der von einer abstrakten Freiheit verzehrte Mensch sich nicht entschließt, die Option seiner Existenz abzulehnen, so wird er von der elementaren Gier geleitet, von den tierischen Bedürfnissen fortgerissen. Ein freier Mensch ist ein Mensch, der den Hörigkeiten des Lebens unterworfen ist.

Der freie Mensch ist der Untertan der in ihm hausenden Tiere. Wenn die Werte verfallen, werden seine

Handlungen vom individuellen Unbewußten und vom Unbewußten der Spezies bestimmt.

Der freie Mensch ist ein Diener des Lebensunterhalts. Wenn die Werte vergehen, wird die soziale Struktur von den wirtschaftlichen Beziehungen regiert.

Der freie Mensch ist der Sklave des Profits. Wenn die Werte vergehen, erwerben die Klassen, die die Gesellschaft dazu erzieht, materielle Güter zu erlangen, soziales Prestige und erobern die politische Hegemonie.

Der freie Mensch ist Opfer des offensichtlichsten Beweggrundes seines Stolzes. Wenn die Werte vergehen, wird jede Aktivität bloßen Überlegungen der Effizienz unterworfen, und die Techniken beginnen einen siegreichen Feldzug gegen die Welt. Aber dieselbe Geste, die die Körnung des Steins oder die weiche Neigung des Hügels verachtet, vergrößert den menschlichen Überdruß und schürt tragische Schmiedefeuer.

Seine Werke schließlich, die ihn eitel machen und begeistern: wenn sie keinen anderen Sinn haben als die leere Bedeutung, seine Werke zu sein, sind sie nichts als Schiffchen, die ein trauriges Kind fortschickt, auf daß sie in der Geschichte Schiffbruch erleiden.

Als bloßer Ausdruck des Menschen ist das Werk kein Akt seiner Freiheit, sondern Gehorsam seiner unendlichen Hörigkeit gegenüber. Der Mensch befreit sich von der Freiheit notwendiger Wahlmöglichkeiten, um sich einer Notwendigkeit ohne Wahl zu ergeben. Wer die Notwendigkeit ablehnt, die seine freien Taten führt, wird – ohne Alternative – von der rohen Notwendigkeit der Welt bestimmt.

DIE SOGENANNTEN PRAKTISCHEN MENschen sind nicht unbedingt zu erfolgreichen Aktionen fähige Menschen, sondern zu theoretischen Überlegungen unfähige Menschen. Was den praktischen Menschen auszeichnet, ist in Wirklichkeit die Schwierigkeit, sich auszudrücken und die Ungeschicklichkeit oder Unreife seiner Erklärungen. Selbst der gesunde Menschenverstand verbirgt lediglich eine träge Vorstellungskraft, die sich eines ärmlichen Wortschatzes bedient. Niemand erinnert sich an die Katastrophen, die der praktische Mensch verursacht, weil sie von keiner Theorie verteidigt werden.

Die Theorie ist in Wahrheit das Zeugnis gegen den Verdächtigen, aber schließlich wird sie von ihren technischen Folgen gerechtfertigt; und weil der Mensch ohne Schuld alles Nutzbringende gutheißt, erlangt die Theorie schließlich dank der Vorteile, die die Technik bietet, die praktische Bedeutung, die sie mit dem bürgerlichen Argwohn versöhnt. Indem der Techniker sie aus ihrem Ansehensverlust herausrettet, entfernt er sie aus dem Ort, wo ständige Kontroversen an ihre ungewisse Herkunft erinnern, und setzt sie bei Aufgaben auf Spiel, deren Dringlichkeit sie zu einem Aberglauben versteinern läßt, der an die Sturheit des Pöbels erinnert.

Wenn der praktische Mensch nun jedes Bild der Welt verhöhnt, das seinem Bild nicht gleicht, so irritiert den Techniker jede abweichende These; der eine vertraut den Lehren einer unveränderlichen Erfahrung, der andere unterschlägt die Einzelheit, die seiner Doktrin nicht folgt; der eine unterstreicht seine Routine, der andere etabliert seine Vorurteile: und beide sprechen ihrer vertrauten Welt eine mißbräuchliche Souveränität zu. Beide halten sich ohne Zweifel für Jäger reiner Evidenzen. Aber die Realität, die der Empiriker als Notwendigkeit des Objekts erachtet, ist Artefakt des Menschen und die Theorie, die der Techniker als Gebäude der freien Vernunft verehrt, ist ein Erzeugnis der Geschichte. Die Dummheit des praktischen Menschen beruft sich, um die Fakten zu beurteilen, auf eine angenommene Natur der Dinge, die sich aber als eine historische Konfiguration der Verfahren erweist; andererseits bezieht die Selbstzufriedenheit des Technikers jede Beurteilung auf eine angebliche experimentelle Bestätigung, die lediglich eine historische Konfiguration von Meinungen ist.

Anzunehmen, wir seien fähig, vor die Welt mit unbekümmerter Schlichtheit hinzutreten, stellt den Unsinn jener dar, die unsere gemeinsame Bindung an äußere Urteile vergessen. Was uns rührt, unterliegt für gewöhnlich der Erlaubnis, uns zu rühren; denn sowohl unsere spontanen Gefühle als auch unsere gesuchtesten Überlegungen sind Frucht kollektiver Bemühungen. Uralte Hände führen das Zögern unserer Hand.

Das Gewicht ferner Geschehnisse verbiegt die Bahn unserer jetzigen Handlungen, und die fernste Vergangenheit fließt in den Adern der Gegenwart. Die Geschichte ist die Bühne unseres Elends und unserer Herrlichkeit, das flache Land, wo das Schicksal lauert.

Als Leibeigener seiner unzerstörbaren Natur haust der Mensch im düsteren Urwald der Geschichte. Jede Evidenz keimt in der Verwesung vergangener Generationen. Jeder Wahrheit entsteigt der saure Duft eines Bodens.

Unsere Vernunft jedoch verweigert sich dem Druck uralter Entscheidungen, und indem sie sich nach einer Wahrheit sehnt, die von der Geschichte ungetrübt sei, weckt sie unseren Wunsch, den Körper zu ergreifen, dessen Schatten sich im Relief der Vergangenheit bricht.

Aber sich an einem festen Felsen festzuhalten, um der Wucht der Gewässer zu trotzen, ist eine unmögliche Heldentat in einem Meer, das Menschen und Felsen rollen läßt.

Jede Theorie, die sich aus der Zeit herauszustehlen glaubt, ist das Werk eines Wunsches, den die Zeit zeugt, in Materialien, die die Zeit bearbeitet. Das abstrakteste Blendwerk wurzelt in der unreinen Konfusion der Geschichte, und von dort ruft sein unverdorbenes Leuchten. Nichts verhindert vielleicht den Aufstieg der Wipfel, doch der Wind verbleibt in der Neigung der Zweige, und das verschlungene Wurzelwerk bindet den unbeweglichen Stamm an die Säfte schattiger Erdgründe.

Die schlichte Vernachlässigung seiner historischen Natur befreit den Menschen nicht von seiner Sklaverei und die Ausrufung einer fiktiven Unabhängigkeit liefert ihn blindlings den Geboten des Tages aus. Die Verwandlung unserer rohen menschlichen Natur in lichtes Bewußtsein ist das einzige Verhalten, das einen edlen Gehorsam oder eine edle Rebellion ermöglicht. Der Grund unseres Zustands und die Beweise seiner plausiblen Transzendenz erschöpfen sich vielleicht nicht in der Geschichte; aber falls möglicherweise unser Flug durch nichts eingeschränkt wird, so werden sich die Adler von den Klippen erheben.

Nur die geschriebene Geschichte also vermag uns aus der starren Unterwerfung unter das zeitliche Urteil des Augenblicks zu befreien, indem sie das unmittelbare Leben in das weite Universum der menschlichen Erfahrung einfügt.

Weder der ausführliche Katalog des Chronisten noch der Bericht eines sprachgewandten Erzählers genügen jedoch, damit der Historiker sich zu unserer Befreiung verschwört. Da er in der Zeit versunken ist, vermag der Historiker kaum, die augenblickliche Ebene zwischen zwei Wellen zu überschauen. Die Geschichte schließt ihn in einer Epoche ein und fügt den Beschränkungen seines Fleisches die Beschränkungen seiner Zeit hinzu. Wir sind alle Substanz der Jahrhunderte in der Gestalt von Augenblicken.

Der Ballast, der unser Gedächtnis beschwert, verwandelt sich nicht in eine Erleuchtung des Geistes, es sei denn, der Historiker entdeckte ein philosophisches Schema, wo die Ereignisse so geordnet sind, daß wir jedes einzelne so verstehen können wie es eigentlich war.

Wenn der Historiker sich keinen Kunstgriff ausdenkt, mit dem er die Begrenzung seiner menschlichen Gebundenheit ausgleichen kann, so verhärtet sich die natürliche Perspektive seiner Epoche zum Schema. Der einfältige Historiker zwingt der Welt die Struktur seines Augenblicks auf und das Objekt wird so zu einer bloßen anachronistischen Projektion einer individuellen Zeit auf die universelle Zeit der Geschichte. Eine systematische Vorsicht ist Bedingung, damit die Ereignisse ihre autonome Geschichtlichkeit erweisen; ohne philosophisches Schema ist die historische Erzählung ein bloßes Dokument für einen künftigen Historiker.

Das philosophische Schema ist der Kunstgriff, mittels dessen der Historiker die Verfälschung korrigiert, die die Geschichte erleidet, indem sie sich spontan auf die Sicht eines Individuums, eines Augenblicks oder eines Ortes konzentriert. Das Schema ist die hypothetische Definition eines Punktes, von dem aus ein Winkel gemessen werden kann, der jenseits aller bekannten Winkel liegt. Jede Philosophie der Geschichte ersetzt den natürlichen Brennpunkt der Konvergenz, d.h. das individuelle Bewußtsein, durch einen bestimmbaren Punkt, der als sein Ersatz wirken kann, der aber – auf die höchste vorstellbare Entfernung gehoben – dem Historiker ermöglicht, in einem Netz kohärenter kartographischer Linien nicht nur die Daten seiner eigenen Sicht, sondern auch die Daten einzufügen, die aus fremder Sicht berichtet wurden. Der Philosoph der Geschichte ist ein Kartenzeichner, der die Projektion beschreibt, die mit geringster Verzerrung ein Territorium wiedergibt, das wir nur erkennen, indem wir die Wege uneiniger Reisender vereinen. Eine Philosophie der Geschichte ist keine mit Anekdoten gewürzte Predigt, sondern eine Landkarte.

Auch wenn der Historiker bestrebt ist, den von ihm definierten Punkt mit jenem angenommenen Punkt übereinstimmen zu lassen, von dem ausgehend die Wirklichkeit geordnet wird, so vermag die Vernunft nicht, die Annäherungen eines hypothetischen Punktes an einen anderen Punkt zu messen, dessen Ort der Historiker nicht kennt, und schätzt nur den erreichten Grad der Annäherung und bestimmt die Effizienz, mit der das Schema die Evidenzen errettet, die sein Unterfangen stützen. Als bloßes Werkzeug der historischen Vernunft hebt das Schema seine Funktion auf, wenn es den Geist behindert, der gierig versucht, jedem Ereignis die geheimnisvolle Gerechtigkeit zuzusprechen, die darin besteht, es so zu verstehen wie es ist.

Das Ereignis, daß Menschen das Werk verstehen, ist das zentrale Vorhaben des Historikers, die besondere Bestimmung, die ihn ausmacht. Verstehen ist der Akt der Vernunft in der Geschichte. Ein Historiker ist ein Mensch, der verstehen will.

Das Verstehen ist eine Aktivität, die sich nicht auf einfachere intellektuelle Operationen reduzieren läßt, unabhängig von der Anzahl der Faktoren, mit denen dabei umgegangen wird; und es ist ein Akt, dessen Erfolg keine äußere Instanz zuläßt, die ihn ausruft. Das Verstehen appelliert an so viele Kunstgriffe wie es kann und bedrängt sein Objekt mit Definitionen, die es in einander folgende Begriffsraster einordnet; aber das Verständnis ist nicht die Summe vielfältiger Operationen, sondern das, was deren Summe übersteigt. Verstehen ist, was zu tun bleibt, nachdem eine Definition gegeben wurde.

Verstehen ist der Akt, der sich selbst begreift, abschätzt und bewertet. Verstehen heißt also nicht, ein Ergebnis festzustellen, das sich auf eine Skala beziehen läßt, oder eine Berechnung auszuführen, die sich mit einer Regel vergleichen ließe. Weil das Zeichen des erreichten Verstehens nichts anderes ist als das Verstehen selbst, wird es ständig von der Täuschung bedroht; und was uns verrät, daß wir wenig oder schlecht verstanden haben, ist weder eine fremde Kritik noch eine fremde Belehrung, sondern ein neuer Akt des Verstehens, der großzügiger oder tiefer ist. Verstehen heißt – in tautologischer Weise – verstehen.

Die Leistungsfähigkeit eines philosophischen Schemas zu bestimmen heißt also nicht, es mit der Wahrheit zu vergleichen, sondern mit unserer Evidenz. Das Schema bestätigt seine Leistungsfähigkeit, wenn sein Gebrauch das Verständnis eines Geschehens, einer Person oder eines Werkes ermöglicht, denn das Verstehen ist der Zweck des Schemas und dessen Richter.

Um die verschiedenen vorhandenen Schemata zu beurteilen, wäre es überflüssig, die unzähligen Geschichtsphilosophien zu untersuchen, denn jede Philosophie ist weit davon entfernt, ein neues Schema darzustellen; sie ist vielmehr nur eine Art, ein und dasselbe Schema einzusetzen bzw. mehrere zu verbinden; außerdem stellen die Schemata ein kleines Repertoire an Formen dar. Die Schemata sind gewiß eine rein formelle Möglichkeit, die – um sich zu aktualisieren –, einen individuellen und konkreten Charakter annehmen; aber ihre ausschließliche Existenz als inkarnierte Entscheidung verbietet es nicht, auf ihre reine Thematik zurückzugreifen.

Drei grundsätzliche Schemata umfaßt unsere aktuelle Auswahl.

Das älteste Schema ist jenes des historischen Vorsehungsglaubens: eine uralte und ehrenwerte, aber unfruchtbare These.

Einer göttlichen Vorsehung zu unterstellen, sie sei unmittelbare und beständige Ursache der gesamten Geschichte, bedeutet in der Tat nicht sosehr, vor dem ethischen Gewissen Fragen aufzuwerfen, sondern vor allem eine Erklärung anzubieten, die nichts erklärt. Der Vorsehungsglaube bekennt, daß ein Ereignis geschieht, weil die Vorsehung es so entscheidet, ohne weitere Belege für diese Entscheidung vorzulegen als das geschehene Ereignis. Da wir an göttlichen Ratschlüssen unbeteiligt sind, lesen wir in den Ereignissen die Entscheidungen der Vorsehung; aber wenn das Ereignis von der Entscheidung abhängt und die Entscheidung als Ereignis offenbar wird, dann sind Ereignis und Entscheidung ein und dasselbe. Indem das Ereignis einzige aktuelle Darstellung ist, wird Vorsehung zum bloßen Synonym für die Totalität des Geschehens. Mit der göttlichen Vorsehung zu erklären heißt also, genau genommen, nichts zu sagen.

Das fortschrittliche Schema ersetzt den Plan der Vorsehung durch eine innere Finalität. Der fortschrittliche Historiker nimmt an, daß sich die ganze Geschichte auf ein definierbares Ziel ausrichtet, und geht selbst von dessen Definition aus, um das vergangene Geschehen zu begreifen. Das gewählte Ziel kann die Nation sein, die Menschheit, eine gesellschaftliche Klasse oder irgend eine utopische Situation; die Triebfeder seines Schemas ist immer die Behandlung jedes Ereignisses als bloßes Glied einer Kette von Ursachen, die in der gewählten Wirkung zusammenlaufen. Auf diese Weise also betrachtet der fortschrittliche Historiker von jedem Ereignis nur den Teil, der seiner Meinung nach zu der ihn interessierenden Verkettung gehört und läßt alles aus, was ihm nichtig zu sein scheint; so ersetzt er für gewöhnlich die Mäander der historischen Wege durch einen unerschütterlich geraden Weg.

Ein besonderes Ereignis weckt die Besorgnis des fortschrittlichen Historikers, für den die Vergangenheit immer das vergängliche Instrument eines Jahrtausends ist. Indem der fortschrittliche Historiker den Dingen das Recht verweigert, für sich zu existieren, indem er mit der Autonomie der Menschen die freie Finalität der Handlungen ablehnt und indem er den Wert eines Faktums an einer fremden Absicht mißt, hebt der fortschrittliche Historiker die Geschichtlichkeit der Geschichte auf.

Das dritte Grundschema besteht schließlich in der Reduktion der Gesamtheit eines Ereignisses auf einen einzigen historischen Faktor bzw. auf eine einzige Gruppe von Faktoren. Ob der gewählte Faktor der Sexualtrieb ist, die ethnische Verfassung oder irgend ein Sozialverhalten: die reduktionistische Geschichte opfert die Fülle der Geschichte der Bequemlichkeit eines künstlichen und kohärenten Schemas. Weil der ausgewählte Faktor immer universell ist, wird sein unwiderlegbares Vorhandensein ihn zum bestimmenden Faktor machen, sofern man sich zuvor darauf geeinigt hat, die übrigen Faktoren auf einfache Funktionen des bevorzugten Faktors zu reduzieren. Die reduktionistische Geschichte zwingt jedem Geschehen, ohne Ausnahme, eine gleichförmige, monotone und im voraus verfertigte Struktur auf, deren plausible Teilgültigkeit in einer bestimmten Lage mißbräuchlich auf jede beliebige Situation erweitert wird. Wer den systematischen Vorrang eines einzigen Faktors annimmt, findet seine These zugleich durch jede historische Instanz bestätigt und die gesamte Geschichte in einer einzigen paradigmatischen Struktur zusammengefaßt, die außerhalb der Zeit steht und der Geschichte gegenüber indifferent ist.

Die reduktionistische Geschichte hebt die Geschichte auf und setzt an ihrer Statt ein abstraktes Gesetz auf den Thron, das die Geschichte als Serie nichtiger Beispiele verflüchtigen läßt.

Mit dem Vorsehungsglauben gerinnt die Geschichte zu Klumpen verkapselter Ereignisse; beim Progressismus entweicht die Geschichte als ein Bündel leerer Bahnen; mit dem Reduktionismus paralysiert sich die Geschichte als zeitloses System von Funktionen.

Obwohl sie am Ende versagen, zeigen sich die drei Schemata dennoch zum Teil und vorübergehend leistungsfähig, weil jedes für sich eine vorausgehende Forderung des Aktes historischen Verstehens zu erfüllen ermöglicht.

Der Vorsehungsglaube unterstellt den Ereignissen tatsächlich eine Bedeutung und ein Gewicht, die sie von ihrer ursprünglichen Bedeutungslosigkeit als rohe Geschehnisse befreit; indem wir die Ereignisse als irdische Etappen eines transzendenten Prozesses salben, zwingt er uns, ihnen eine innere und eigene Finalität zuzugestehen, denn wenn wir sie als göttliche Ziele bezeichnen, so müssen wir sie davon ausnehmen, bloße menschliche Behelfe zu sein.

So wird die erste Bedingung der historischen Verständlichkeit geliefert, die darin besteht, die unersetzliche Individualität des Ereignisses zu respektieren. Nichts, fürwahr, ersetzt nichts.

Der Progressismus seinerseits erreicht es, die in ununterscheidbare göttliche Entscheidungen erstarrten Ereignisse aus ihrer Unbeweglichkeit zu befreien und schafft Wirbelwinde, die sie wie ein Fließen stürmischer Gewässer anziehen und aufsaugen. Der Progressismus errichtet im homogenen Schatz der Erinnerungen einander folgende Prinzipien intentionaler Vernünftigkeit und gruppiert unverbundene Ereignisse zu Serien, die die Vernunft durchwandern wie Etappen einer gewundenen und flexiblen Dialektik.

So wird ihrerseits die zweite Bedingung der historischen Verständlichkeit geliefert, die darin besteht, jedes Geschehen auf eine allgemeinere Instanz zu beziehen.

Der historische Reduktionismus schließlich löst die kompakte und blockhafte Undurchsichtigkeit auf, in der sich jedes Ereignis zeigt, und verfolgt durch unzählige unwegsame Pfade und verschiedenstes Geschehen hindurch den gewählten Faktor, so daß es ihm gelingt, die innere Struktur der Ereignisse zu analysieren und die labyrinthischen Kurven ihrer Scharniere nachzuzeichnen.

So wird schließlich eine dritte Bedingung der historischen Verständlichkeit erreicht, die darin besteht, jedes Ereignis als unerschöpfliches System gegenseitiger Abhängigkeiten anzusehen.

Um das unwiderrufliche Scheitern abzuwenden, genügt jedoch weder die Kombination der Schemata noch die Anwendung der Bedingungen als Regeln.

Die Lösung eines Problems durch einfallsreiche Kombinationen bedeutet nur, die inneren Widersprüche jedes Schemas explizit zu machen, denn der Widerspruch jedes Schemas mit sich selbst, d.h. mit seiner Absicht, ist nur ein Widerspruch mit der impliziten Regel eines anderen Schemas.

Andererseits, auf jedes Schema zu verzichten und sich einzig auf die Regeln der Geschichte zu stützen, hieße vergessen, daß ohne philosophisches Schema der Mensch sich in seiner unmittelbaren Situation einschließt, und daß sein Exil im Augenblick ihn einer unerlösten Geschichte unterwirft.

Nachdem die Widersprüche in jedem reinen Schema festgestellt wurden, ist noch der gemeinsame Mangel aller aktualisierten Schemata anzumerken.

Das reine Schema ist ein analytisches Artefakt, und der Historiker verfügt nur über die aktualisierte Form, die er in Händen hält. Die Vorsehung des Vorsehungsgläubigen ist die Gottheit seiner Epoche; das Ziel des fortschrittlichen Historikers ist nicht irgendein Ziel, sondern ein bestimmtes und erkennbares Ziel; der Faktor des reduktionistischen Historikers ist immer ein unverwechselbarer und bestimmter Faktor. Das reine Schema kann nicht aktualisiert werden, ohne ein individuelles und konkretes Aussehen anzunehmen. Jedes aktualisierte Schema ist ein historisches Schema.

Die Absicht, unserer Klausur in der Zeit zu entgehen, bleibt erfolglos, wenn das Schema sich als spitzfindigere und schlauere Projektion des Augenblicks erweist. Weil der Historiker sein Schema nur mit der Gottheit aktualisieren kann, die eine Epoche erfindet, oder mit dem Ziel, nach dem eine Epoche strebt, oder mit dem Faktor, den eine Epoche ausmacht, wird sein Ehrgeiz, einen über seinem Bewußtsein stehenden Punkt zu bestimmen, schließlich durch einen Prozeß, in dem sich sein Schema aktualisiert, in eine Definition seines eigenen Bewußtseins münden.

Dem listigen Anachronismus seiner bleibenden Geschichtlichkeit unterworfen, vertraut der Historiker seinen Schemata, um umfangreiche Werke anzustreben, aber die Versprechungen, die seinen Ehrgeiz stützen, betören seine Naivität. Der Historiker kennt in der Regel mehr Dinge, und er kennt sie gründlicher als der gutgläubige Chronist, aber er kennt sie nicht in einer radikal anderen Art, noch versteht er sie besser. Das historische Werk ist für gewöhnlich ein treueres Zeugnis der Epoche, in der es geschrieben wurde, als der Epoche, über die es geschrieben wurde.

Kein Schema trägt zu einer Interpretation der Geschichte bei, die von anachronistischem Beiwerk frei wäre. Als bloßer Ausdruck eines Individuums, das in seiner historischen Zeit verwurzelt ist, mangelt es dem Schema an bleibender Wirksamkeit und es bleibt der Konkurrenz analoger Augenblicke unterworfen. Als Produkt einer historischen Konstellation stimmt es einzig mit analogen Konstellationen in den Räumen der Vergangenheit überein. Jedes aktualisierte Schema schränkt seine Wirksamkeit auf die zufällige Begegnung zwischen dem idealen Historiker und dem geeigneten Ereignis ein.

Indem das Schema die Geschichte einer schicksalhaften Schwankung zwischen einer glücklichen Begegnung und einem einfallsreichen Anachronismus überläßt, gibt es seine Unfähigkeit zu, die Grundvoraussetzung für das historische Verstehen zu erfüllen.

Die Grundbedingung des Verstehens, die Bedingung, die dem Versuch vorausgeht, die Bedingung, die den Erfolg einschränkt, besteht in Wirklichkeit darin, Subjekt und Objekt in identische Situationen zu stellen. Da wir genaugenommen nur verstehen, was wir selbst sind, können wir in den anderen Tatsachen nur verstehen, was in irgendeiner Form in unserer konkreten Situation gegeben ist. Identität ist die reine Bedingung des Verstehens; und Ähnlichkeit ihre historische Bedingung. Das völlig Fremde bleibt für unser menschliches Verstehen undurchdringlich.

Um eine Handlung, einen Menschen oder ein Werk zu verstehen, genügt es also nicht, sie wahrzunehmen, zu kennen, zu analysieren, zu erklären. Ohne die geheime Sympathie einer ähnlichen Lage, trotzen uns Handlung, Person und Werk wie Gesteinsstrukturen oder wie die Bahnen der Sterne.

Unsere konkrete Situation pulverisiert sich also unter dem Druck der Geschichte, wenn uns das Verständnis nicht mit dem Verstehen der Vergangenheit auch das Verstehen der Gegenwart ermöglicht; während aber nur ein philosophisches Schema uns aus unserer menschlichen Gefangenschaft befreit, versagt das Schema doch, weil es sich als Ausdruck unserer eigenen Situation erweist.

Uns resigniert einer verachtenswerten Unterwerfung auszuliefern, wäre nicht nur unsere verzweifelte Lösung, sondern auch die unvermeidliche Lösung, wenn der Teilerfolg unserer Schemata nicht das Bild unseres erfüllten Ehrgeizes zeigte und uns nicht anspornte, die zufällige und vorübergehende Leistungsfähigkeit in eine natürliche und beständige zu verwandeln. Die Richtschnur eines derartigen Unternehmens ist der plastische Abdruck des Widerspruchs in jedem Schema und deren gemeinsamer angeborener Mängel; die Präambel der Untersuchung ist die systematische Aufzählung der Voraussetzungen, die bedingen, daß das Schema unversehrt bleibt.

Indem das Schema jedes Faktum als unersetzlich, als Ende unendlicher Serien und als Ausgleich einer Vielzahl von Faktoren postuliert, muß es zunächst feststellen, daß jede Tat das Ziel ihrer selbst sein muß, um ein Vorhaben zu erfüllen, das sie transzendiert; sodann muß es die ständige Erreichbarkeit der Ziele und ihre bleibende Unerschöpflichkeit evident machen; und schließlich muß es die Tat und das Ziel in der Gesamtheit der Faktoren begründen, indem es die Gesamtheit durch die Tat und das Ziel bestimmt.

Die Individualität rettet sich in der Tat nur, wenn die Tat Ziel ihrer selbst ist; aber die chaotische Pluralität ordnet sich nur, wenn die Individualität Bedingung eines Plans ist. Ihr Bewegungsprinzip absorbiert die Taten als flüchtige Mittel, wenn das Ziel nicht jederzeit erreichbar ist, aber der Lauf der Geschichte fließt nur dann zu einer unbestimmten Zukunft hin, wenn sich das Ziel nicht erschöpft. Das Ereignis drückt sich als verstehbare Struktur nur dann aus, wenn die Gesamtheit der Faktoren Tat und Ziel begründet; aber die Struktur geht nur über eine bloße Summe von Konstanten hinaus, wenn die Individualität und ihre Ziele die geschehene Gesamtheit bestimmen. Das Schema fügt sich so in eine Welt ein, in der alles individuell, nichts unabhängig und alles komplex ist.

Das Schema darf zweitens nicht das Produkt eines historischen Augenblicks sein, sondern des längstmöglichen historischen Abschnitts. Wenn das Schema das Erzeugnis einer Epoche ist, dann ist seine Leistungsfähigkeit in anderen Epochen in keiner Weise gesichert. Als

Projektion von Jahrhunderten kann das Schema nicht ein individuelles, sondern nur ein kollektives Werk sein.

Das Schema muß das Werk von Generationen sein, die einander in der Zeit folgen, aber durch die innere Kohärenz eines Plans verbunden sind. Wenn das Schema das Werk eines mit der gesamten Menschheit identischen Kollektivs ist, oder mit einem Ablauf von Generationen, die lediglich nebeneinander gestellt wurden, dann sind sowohl das sie ordnende Prinzip wie die Verbindung zwischen ihnen Schöpfungen des Historikers, der von einer Gegenwart ausgeht; und das Schema ist nicht das Ergebnis einer historischen Kontinuität, sondern des augenblicklichen Historikers.

Das Schema muß das Werk von Generationen sein, deren Kontinuität nicht bloße Verlängerung des Plans ist, sondern objektivierte Wirklichkeit eines autonomen Körpers. Wenn die historische Kontinuität nicht zu einer objektiven Struktur summiert und akkumuliert ist, dann ist die Kontinuität zwischen den Generationen nur als historisches Konstrukt eines in seiner Gegenwart eingeschlossenen Historikers vorhanden.

Das Schema muß also das Werk eines etablierten Kollektivs sein, das die Zeit durchdringt und dessen Kontinuität in einer dauerhaften Struktur Gestalt annimmt.

Dennoch ist das Schema weder Lehre noch Doktrin. Das Schema ist die historische Kontinuität des Kollektivs selbst. Das Schema ist nicht, was das Kollektiv bekennt, sondern was das Kollektiv verkörpert. Das Schema ist Tradition.

Die Funktion der historischen Kontinuität – wenn man inbrünstig an der Geschichte teilnimmt – besteht darin, auf dem Gang durch die Jahrhunderte sich der höchsten Anzahl konkreter Situationen anzunähern, um sie in eine lebhafte und kraftvolle Tradition zu verwandeln, die aktuelle Gegenwart der Vergangenheit ist und unmittelbare Wirklichkeit der vergangenen Geschichte.

Die Tradition ist der Ort, wo die Verschiedenartigkeit der Situationen zur Kontinuität ähnlicher und erreichbarer Situationen verschmilzt. Die Vergangenheit verwandelt sich nicht in ewige Gegenwart, damit der Historiker sie verstehe, es sei denn, sie aktualisiert sich als eine Tradition, die die Vergangenheit als Substanz ihres Wesens übernimmt und in sich trägt.

Es genügt dennoch nicht, daß es eine Tradition als Teilhaberin und Zeitgenossin der Geschichte gebe, wenn wir sie vor uns als fremde und leere Erfahrung erstehen sehen. Die Tradition kann nicht historische Kontinuität eines geschlossenen Kollektivs, sondern Kontinuität eines offenen Kollektivs sein; geistiger Körper einer Institution, die aufnimmt, und nicht ausschließender Besitz blutsverwandter Gruppen.

Die Tradition kann weder Vorrecht noch Patent sein, sondern nur Erbschaft des Lebens. Jedes Individuum ist vermutlicher Erbe, wenn es die Tradition als eine Summe von Evidenzen empfängt, die es – schon in sie eingesetzt – nach dem Empfang bestätigt, nicht bevor es sie annimmt.

Die Tradition als Summe historischer Situationen ist Leben, das das Individuum in seiner konkreten Situation übernimmt, um sich in eine allgemeine konkrete Situation zu setzen, in der es mit der Legitimität des Erbes die Authentizität der Geschichte findet.

Entweder erzeugt die Geschichte selbst das philosophische Schema wie eine Flut, die ihr Bett übersteigt, oder unser Leben fließt dahin zwischen den Wasserwellen.

Das Schema kann also nicht Erfindung sein, sondern nur eine Entdeckung, eine Gegenwart in der Geschichte und nicht bloße Haltung dessen, der sie beobachtet. Doch die Möglichkeit, seine Voraussetzungen systematisch aufzuzählen, bedeutet nicht schon, daß das Schema existiert, sondern besagt nur, daß ohne das Schema die

Geschichte ein Mythos ist. Die systematische Aufzählung mündet in eine empirische Suche.

Man benötigt wahrhaftig keine ausführliche Untersuchung, um festzustellen, daß es das Schema nicht gibt; es ist auch keine schwierige Prüfung notwendig, um sich zu vergewissern, daß die größte bekannte Annäherung die katholische Kirche ist.

Die Behauptung aber, die Kirche sei das am wenigsten ungenaue philosophische Schema, das die Geschichte bietet, ist kein voreiliges Urteil über ihren theologischen Ursprung, noch eine Vertiefung in einen apologetischen Streit. Daß die Inkohärenz der Ereignisse und ihr für das Verständnis des Menschen undurchsichtiger Charakter sich nur auflösen, wenn man von dem ausgedehntesten Gebirgszug der Geschichte aus beobachtet, ist kein Argument, um einen überholten Vorsehungsglauben ins Leben zurückzuholen, sondern eine grobe Behauptung, die der Historiker an ein höheres Tribunal verweist.

Möglicherweise ist die Kirche nicht die letzte Bedeutung der Geschichte, doch finden wir weder eine beherrschendere Anhöhe noch eine günstigere Perspektive.

Die Kirche sieht in der Tat den Menschen nicht als regloses Stück auf dem Brett des Schicksals, sondern als rebellischen Ausführenden von Absichten, die ihn selbst zum Zweck haben. Für die Kirche kann sich die Geschichte in jedem Augenblick als Bild der menschlichen Erlösung vollenden – und sich unvorhersehbar fortsetzen bis zum Ende der Zeiten. Für die Kirche ist der Mensch unaufhebbare Verantwortung seiner untergegangenen Freiheit.

Die Kirche regt uns schließlich an, die Geschichte mit einer ungewohnten Reverenz zu betrachten und ihr eine unerhörte Ernsthaftigkeit zuzubilligen, denn das von ihr bekundete heilige Drama ist keine Allegorie lebloser metaphysischer Kombinationen, sondern ein weltliches Gefüge von Entscheidungen in der Zeit.

Andererseits ist die Kirche vielleicht nicht die Achse der Geschichte; jedenfalls können wir heute die Ereignisse nicht als konvergierende Reihen ordnen, die auf sie zulaufen, ohne die Ereignisse zu mißbrauchen. Auch ist sie nicht von je her dem Menschen zeitgenössisch, denn ein Halbdunkel von Jahrtausenden ging ihr voraus. Doch seit Jahrhunderten geschieht nichts, was sich ihrer Aufmerksamkeit oder ihrem Eifer entzöge, und der dünne Faden, der unser gegenwärtiges Bewußtsein mit seinem trägen Morgenrot auf den Gletschern des Quartärs verbindet, ist die Verehrung, die uns vor einem Grab das Haupt beugen läßt und an die altsteinzeitlichen Gräber bindet.

Die Kirche ist die Kloake der Geschichte, der lärmende Strom der menschlichen Unreinheit zu reinen Meeren. Ihre Tradition ist kein unbefleckter Brunnen, der zwischen salzigen Schäumen quillt, sondern ihre eigene schlammige Geschichte, faulig und turbulent. Eine Tradition, die ihre Gegner und sie selbst einschließt und in ihrem Strom jedes Gespenst mitreißt, das sich je in ihrem Wasser spiegelte.

Die Kirche ist keine feierliche Prozession unter der Kuppel der Zeit, noch ist sie eine breite Straße durch den Schmutz der Welt, sondern die zwischen die Ereignisse geworfene Bahn, Mittelpunkt eines Wirbels, der nur durch den aufgerührten Staub bemerkbar ist; Blut der Märtyrer und Leben der Häresiarchen.

Die Kirche wächst in der Geschichte und die Geschichte nährt sie. Die Steine ihrer Mauern schliefen in den Steinbrüchen unter der Hitze der verschiedensten Sonnen. Sogar der von ihr abgewehrte Treffer verewigt sich in der Hartnäckigkeit ihres Abscheus. Ihre Feuer nähren sich am alexandrinischen Herd. Die tridentinischen Beschlüsse sind die Prägung einer Augustinerkutte.

Wenn die Kirche seit zweitausend Jahren das geringste historische Zittern wahrnimmt, als würde sie über die Welt die Verzweigungen einer gekreuzigten Sensibilität ausbreiten, so berührt nichts sie nur flüchtig und ihre Geduld nimmt die Beleidigung und das Lob in sich auf.

Die Kirche ist der einzige Ort, wo die Gleichgültigkeit das Echo vergangener Stimmen niemals erlöschen läßt. Die abgelegenste Auseinandersetzung lebt nur in einem empörten Bewußtsein. Ein blasphemischer Kaiser – wie in der Abenddämmerung Roms – beleidigt.

Aber die Kirche ist weder der verkrampfte Beobachter der kaiserlichen Irrungen, noch die bischöfliche Ruhe angesichts der barbarischen Reiter, noch der Schatten eines neuen Augustus, der sich die blitzenden Waffen des kapitolinischen Jupiter aneignet. Ihre Gegenwart mißt zweitausend Jahre, aber in ihrer greisen Frische ist das Salz von Jahrtausenden konzentriert.

Die Kirche ist eine gigantische Mulde in der Geologie der Jahrhunderte, wo der Schutt in unberührten Schichten lagert.

Es geht nicht nur darum, daß der Wind Judäas die Lumpen des Propheten wehen läßt, nicht darum, daß sich die Morgenröte eines schrecklichen Tages wie ein assyrischer Krieger erhebt. Es geht nicht nur darum, daß der Sand die Bogen und die Kampfwagen beleidigt, oder daß die Geier über der Ernte verrosteter Helme ihre Kreise ziehen. Es ist unwichtig, daß von der Spitze des Wehrturms, der sich in der Ebene der Kanäle zwischen dem Grün der Palmen erhebt, die Eunuchen den leuchtenden Planeten die Theogonien des Abgrundes singen. Es ist unwichtig, daß Babylon in der Enge der Gassen, zwischen den steilen Häuserwänden, in der Hitze des Nachmittags und angesichts des Schweigens der geschäftig wimmelnden Menge, den siegreichen Helden betrachtet, dessen hellenische Schläfen die achämenidische Tiara tragen und ihn auf den emporragenden Terrassen mit einer Gabe regloser Frauen erwartet. Es geht nicht nur darum, daß mehrere Welten sie vorbereiteten und tausend abgeschaffte Heiligtümer ihr vorausgingen: die Kirche durcheilt die Jahrhunderte nicht wie der Flug des Adlers, sondern wie das mähliche Aufwachsen des Baumes, der von den flüchtigen Frühlingszeiten umrundet wird.

Der Todeskampf des Imperiums im Blute mystischer Stiere verschmilzt dort mit der lichtvollen Erwartung des Schiffes. Die von den Zikaden unterbrochene Stimme hallt in ihrer kristallenen Hingabe wider.

Wie verängstigte Tiere stöhnen in den Nebelschwaden ihrer Krypten die Dämonen des Wassers und des Feuers, die die sumerischen Psalmen umkreisen. In den Voluten ihres Weihrauchs steigt das Fett obszöner Opferhandlungen empor.

In dem Gefängnis ihres Körpers erspäht die Seele den unaussprechlichen Besuch; aber im geheimsten Raum des Tempels, den granitene Sphingen bewachen, salbten die Klosterschatten weiche Körper für das erblühte Halbdunkel.

Die rötlichen Wasser des Sturzbaches erneuern die Klagerufe der sakralen Prostitution und um die schläfrige Erde zu erneuern, schließen weiche Hände den versehrten Hirten in der Grube ein, wo die alten Winter sich zersetzen.

Als Erbin aller Ängste öffnet uns nur die Kirche den mit Seide ausgeschlagenen Raum, wo die Gleichgültigkeit unbewegter Gesichter – in der Nacht, die der Schrei der Vögel und das Summen der Pfeile zerreißen – sich vor einem entweihten Thron demütigt.

Als Tochter unsterblicher Hoffnungen verbrüdert uns nur die Kirche mit der Meditation, die die asiatischen Felsen mit einer starren Epiphanie von Statuen bedeckt.

Ihre jahrhundertealte Liturgie wiederholt die Geste der ursprünglichen Weihen.

Ein elendes Nest aus dem Neolithikum knetet weißes Brot in den Höhlen des Karmel.

In der Kirche lebt die Verneigung des ersten Primaten vor der Unerschütterlichkeit der Sterne fort.

GEBEUGT DURCHEILT DER MENSCH SEIN Leben: ein finsteres, ängstliches, keuchendes und gieriges Tier.

Der Forderung seines heftigen Verlangens unterworfen, ordnet er seine Tätigkeit dem vorgeschriebenen Zweck unter. Die hastigen Schläge seines Blutes betäuben seine Ohren. Die Erfordernisse der Lebensfristung schränken seinen Blick ein. Die auf den Gewinn gerichtete Wahrnehmung schnitzt das Vorhandene nach dem Maß seiner Bemühung und seines Strebens zurecht.

Weil er fortwährend Gefahren vermutet, belauern die vielfältigen Bedrängnisse jene Bedrohungen, die ihn ausspähen und seine Bedürfnisse wenden ihre auf das Ziel gerichtete Aufmerksamkeit der umgebenden Welt zu. Verausgabt in vertanen Handlungen, verströmt sich der Mensch in einem zentrifugalen Fluß. Sein Bewußtsein ist den Objekten ein vorüberziehender Spiegel.

Versunken in den Lärm, der ihn benommen macht, erkennt sich der Mensch selbst nicht; doch jede Stille reißt ihn aus seinem trivialen Asyl. Es genügt, daß günstige Umstände die Verkettung seiner Handlungen aufheben und ihm – still, entzückt, überrascht – einzuhalten ermöglichen, damit das Bewußtsein aus seinem Traum erwache, so wie durch verborgene Spalten das Tosen unterirdischer Wasser aufsteigt.

Der Mensch hört verblüfft dem Rauschen seines Seins zu, dieses Fließen klarer Quellen, dic der Lärm des Tages übertönt. In seinem kurzen Morgenrot erblühen irisierende Schäume.

Das Bewußtsein, seiner dienenden Aufgabe enthoben, wendet sich im fließenden Frieden der Ruhe der eigenen Mitte zu und ergießt sich über das eigene Wesen. In der Dichte des Eigenen eingeschlossen, wird es von der Gewißheit seiner Existenz geblendet.

Vom Thron des besiegten Zweifels herab regiert das Bewußtsein die Gesamtheit der Dinge. Um seine unbestreitbare Bejahung herum errichtet das Universum seine vergängliche Architektonik. Seine Evidenz beruhigt das schwankende Bauwerk der Welt. In inneren Räumen zeichnet seine Geste die Bahn meßbarer Elemente.

Die Gewißheit, die es erleuchtet, wenn es sein Antlitz befragt, stützt sich nicht auf Attribute, die eine Überlegung ihm einräumte. Die Gewißheit ist eine innere Evidenz des sie begründenden Aktes. Existenz ist in der Tat die Art, wie sich das Bewußtsein in seiner letzten Instanz erlebt; die Existenz ist der eindeutige Akt seines unumschränkten Besitzes. Das anhaftende Bewußtsein definiert sich nicht als existierendes Etwas, sondern nennt Existenz das Anhaften an sich selbst.

Auf der Tautologie, die sein autonomes Existieren bezeugt, gründet das Bewußtsein Ansprüche auf die Gesetzgebung der Welt. Das Schema seiner Anhaftung an sich selbst ist die universelle Form seiner kategorischen Wahrnehmung; das Identitätsprinzip ist kein Axiom, das seine Evidenz regelt, sondern die empirische Formel seiner unmittelbaren Evidenz. Die Vernunft verwandelt in Normen, was Feststellung der Tatsache ist.

Dem Bewußtsein genügt es aber nicht, das Universum nach seinem Schema rationaler Identitäten zu formen; die Schwierigkeit, sich ein seiner Existenz fremdes Wesen vorzustellen, begünstigt die Schmeichelei, die es zum Universum ausruft. Sich seinem ehrgeizigen Unterfangen ausliefernd, als Beherrscher der Berechnung und des Mythos, belebt das Bewußtsein die Trägheit der Felsen und weist den Sternen ihre Bahn zu. Wenn die ermüdete Vorstellungskraft die Regentschaft über seine höchste Extravaganz an die Vernunft abtritt, gibt das

Universum dem schlauen Druck nach, der es in diamantne Polyeder meißelt.

Unbeeinflußbare Hindernisse weisen jedoch seine Anmaßung ab; die Heterogenität erschreckt das Bewußtsein mit ihrem irrationalen Murmeln. Die Konstanten, die auftauchenden Eigenschaften, die Individuen erniedrigen es. Das Bewußtsein stößt an die Mauern der Welt. Der Schwung seines einfallenden Fluges selbst, mit dem es gegen den harten Schatten prallt, beschleunigt dann seinen Rückzug. Das Bewußtsein zieht sich zu seinem sicheren Schutzort zurück. Um es herum gewinnen die blutleeren Gegenwarten wieder ihr unberührtes Geheimnis. Machtlos und ängstlich löscht es seinen Sieg aus.

Einmal mehr wiederholt die es umgebende Gesamtheit ihre stummen Fragen. Autonome Formen des Seins kreuzen seine inneren Himmel. Die Undurchsichtigkeit der Materie widersetzt sich ihm in unbewegter Rebellion.

Vielleicht könnte es sich in seiner Niederlage trösten und raffiniertere Projekte planen, wenn nicht ein Zittern die letzten Ruinen zu Staub werden ließe. Plötzlich entdeckt das Bewußtsein, daß die Identität kein Prinzip ist, das jede Bestimmung des Denkens durchdringt. Das Widersprüchliche ist weder undenkbar noch irreal, sondern befindet sich lediglich außerhalb des von seinen Kategorien geordneten Rahmens. Seine frühere Überheblichkeit läßt es schutzlos angesichts des Aufruhrs der Dinge.

Auf seine ursprüngliche Position zurückgezogen, verbannt in die Ärmlichkeit seiner endgültigen Gewißheit, nützt es ihm nichts, sich zu erheben, um vor der Leere das unzerstörbare Zeugnis seines Seins auszurufen, wenn die Evidenz selbst, im selben einsamen Augenblick, kundtut, daß seine naive Existenz eine willkürliche Existenz sei, eine Wesenheit, die keine Begründung sichert, der Schrei einer fernen Kehle, die willkürliche Präsenz, die die glatte Höhlung des Nichts befleckt.

Im selben Augenblick, da es an seiner Existenz nicht zweifelt, stellt das Bewußtsein fest, daß sein unmittelbares Dasein durch nichts mit seinem fernen Dasein verbunden ist, daß sich seine gegenwärtige Existenz nur neben seine vorangegangene Existenz stellt, daß seine jetzige Existenz seine künftige Existenz nicht sichert. Plötzliche Existenz, die weder der frühere Augenblick forderte noch der spätere Augenblick garantiert; zufällige Summe augenblicklicher Feststellungen, gleichsam lose Glieder einer fabelhaften Kette. In seiner Evidenz eingeschlossen, pendelt das Bewußtsein über einem Abgrund, der den Akt, der es erschuf, beleidigt und offenbart. Isoliert schließlich in der reinen Behauptung seiner Existenz, von ausdrücklichen Verpflichtungen enthoben, seiner wilden Freiheit überlassen, aber auf schwindelerregende Weise den Windstößen der trügerischen Nacht ausgesetzt, ist das Bewußtsein der geheimnisvolle Verbannte, der von jeder dauerhaften Bleibe verbannt ist.

In diesem eisigen Licht erkennt der Mensch, daß er ein vom Tode umzingeltes Wesen ist. Sein Leben entwickelt sich als unbestimmte Abfolge prekärer, auf unerwartete Weise erlöster Geschehnisse. Das Sterben ist die logische Erwartung eines Wesens, das keine Notwendigkeit unterwirft, und dessen Existenz den Raum nicht überwindet, in den seine Evidenz es einschließt.

Von Angst zerfressen, würde uns die Verzweiflung vernichten, wäre nicht die Kenntnis unserer Natur ein Leuchten, das den Frieden des gelösten Bewußtseins anspornt.

Die umgebenden Präsenzen fordern unsere nötige Aktivität bald auf, ihren mitleidigen Lärm wieder aufzunehmen. Die besänftigten Dringlichkeiten erneuern ihre strengen Forderungen und arbeiten mit unserer Feigheit zusammen daran, unsere Gleichgültigkeit wieder herzustellen. Die Geste, die die unterbrochene Aufgabe wieder aufnimmt, drängt die klare Evidenz zum Grund des Wesens und verschließt die finsteren Spalten.

Aber der Mensch löscht die Besessenheit vom Tode nicht aus, auch wenn er sich selbstlos und fromm seinen alltäglichen Zielen widmet. Fortwährend gleiten um ihn herum andere Leben über das unberührte Universum hin zur gierigen Erde. In der gleichgültigen Stille ersterben fremde Stimmen. Der Mensch bewohnt eine Leichenmanufaktur.

Die begriffliche Darstellung des eigenen und des fremden Todes wird von Umständen begleitet, die seine Rauheit mildern.

Der fremde Tod zieht sich in die Abwesenheit zurück und ersetzt den Schrecken des unwiderruflichen Verschwindens durch die Nostalgie einer zeitweiligen Finsternis. Das harmlose Aufhören in der Zeit ersetzt den senkrechten Fall außerhalb der Zeit in einen unstimmigen Raum.

Die Erfahrung unzähliger Tode bezeugt dem Menschen sein Verdammtsein; doch während der Jahre, die dieser Unmittelbarkeit vorangehen, erlebt der Mensch seinen Tod als Ziffer. Nichts korrigiert die Skepsis seiner Knochen. Keine logische Überzeugung verletzt das unbeschädigte Vertrauen des Lebens. Der Mensch ist ein unsterbliches Wesen, das jederzeit fähig ist zu sterben.

Was das Individuum erhält, ist jedoch nicht seine Verblüffung angesichts der unbestimmten Niederlage, sondern die Unmöglichkeit, sich seinen Todeskampf vorzustellen. Der Tod überrascht es wie die unvorhergesehene Anwendung eines Prinzips und niemand vermag es, ihn seinem Schicksal anzupassen, denn unser persönliches Leben löst sich nicht darin auf. Jede erloschene Existenz ist ein Satz, den das Fatum unterbricht, ehe seine verständliche Ganzheit ausgesprochen worden wäre. Der Tod ist eine Instanz der Spezies; um ihm entgegenzutreten, zieht sich das Individuum in die Menschenmasse zurück. Das letzte Röcheln entweicht immer einem herrenlosen Fleisch.

Mit jedem Menschen stirbt die menschliche Natur. Die letzte Konvulsion verbrüdert uns mit dem erschreckten Tier. Bevor wir uns im anonymen Schatten auflösen, kehren wir in die undeutliche Gebärmutter zurück. Die unersetzlichen Züge, die Errungenschaften der Bemühung und des Glücks, der feste Stolz des individuellen Wesens vergehen in zitternden Flammen wie Fackeln aus Stroh im Windstoß. Die noch leidende Leiche weiß nicht mehr, was ihren Stolz begründete. Die Demütigung einer totalen Verbrüderung geht der Demütigung des Staubes voraus.

Nur das Altern bewirkt die matte Zustimmung des Menschen zum einfachen Syllogismus, der ihn sterblich macht. Wir berühren den unkörperlichen Körper des Todes erst dann, wenn sich das Fleisch zu ekelhafter Weichheit aufschwemmt. Der erste Schlag des Lebens auf eine verhärtete Sensibilität deckt das künftige Grab auf. Jedem Augenblick, der plötzlich das Fortschreiten der Jahre bekundet, entströmt der herbe Geruch des Sterbenden. Der zuckende, sich zurückziehende Akt, der die Selbsterkenntnis des Alters vermittelt, pflanzt seinen feinen Finger in unser rebellierendes Herz hinein.

Aber nicht die letzen Wege des Alters, nicht die letzten Beleidigungen, nicht die letzten Schreie, die einem zuvor erniedrigten Wesen entwunden werden, sind es, die unseren höllischen Niedergang ängstigen. Das vorgerückte Alter, das den Elenden in seinen Kreis der Stille einschließt, übergibt dem Tode nur eine Leiche, die das Leben mit dem Totenhemd versah. Finsterer ist der Prozeß, der den Katalog unserer einander folgenden Unfähigkeiten erstellt.

Ans Schafott der Zeit festgebunden, erleben wir die Entweihung der Jahre. Die abgestumpften Sinne werfen uns in die umgebende Welt. Unvorhergesehene Verbote unterbinden unsere frische Unternehmungslust. Eine kleine Erschütterung genügt, um unseren Händen die rebellische und begehrte Beute zu entführen. In der gläsernen Kälte fremder Pupillen spiegelt sich unser unvermeidlicher Niedergang. Die unwiderstehliche Präferenz wird zu überlegter Verehrung. Die spontane Zärtlichkeit verarmt zu dankbarer Treue.

Doch wenn das Alter nur in der angestrengten Flucht der Dinge bestünde, so wäre es weniger furchtbar. Zu altern bedeutet nicht uns gezwungen zu fühlen, die Hoffnung auf den Besitz der Welt aufzugeben, sondern festzustellen, daß wir angesichts des verlorenen Besitzes gleichgültig bleiben. Altern heißt nicht, vor der sachten Gewalt aufzugeben, die unsere Güter stiehlt, sondern sie aus unseren schlaffen und nachlässigen Händen fallen zu lassen. Altern bedeutet nicht nur, eine schreckliche Abwesenheit in die Arme zu schließen. Das träge Alter, das die Zeit nutzlos beschimpft, das dumme Alter, das sich an den Schatten festhält, das leere Alter, das seinen beleidigten Körper ignoriert: das sind Alter, die das Alter entehren. Um seine untergrabene Würde zu retten, nimmt das hellsichtige Alter den erzwungenen Verzicht vorweg. Das hellsichtige Alter ergibt sich der Verachtung.

Eine laue Gleichgültigkeit durchzieht das Gesicht der Welt. Alles scheint unbeweglich am stillen Nachmittag, aber das Licht verdunkelt sich. Nichts hat sich verändert, nur sein Glanz wird gedämpft. Purpur geht in das Halbdunkel über; die goldene Blume verengt sich in ihrer unberührten Form, in ihrem unberührten Fleisch. Die Dinge bereiten ihre Flucht vor, aber halten in ihrem unsicheren Flug noch inne. Die Flucht bebt noch am Höhepunkt ihrer Kurve.

Ach! Unsere Flucht geht jeder Flucht voraus.

Wir segeln auf dem Strom der Jahre und schleppen als Ballast unsere gleichgültige Trägheit. Nichts erweckt unsere eingerostete Neugierde; nichts schürt unsere

Liebe. Der Drang zu wissen beruhigt sich, indem er das Unwissen hinnimmt; der Ehrgeiz erfüllt sich im Besitz seiner Niederlagen; die Unruhe gibt sich damit zufrieden, sich vergeblich beunruhigt zu haben. Wir fließen wie träge Wasser, die die Trägheit der Erde in die Dichte des Meeres leert.

Doch die Erstarrung der desertierenden Seele bedeutet keine resignierte Unterwerfung vor der unausweichlichen Aufzehrung. Die Apathie des Aufgebens, die eisige Vernachlässigung sind kein Verzicht, die der Demission vorauseilten, die das Alter erzwingt. Der Verfall unseres verweslichen Fleisches tut den Skandal kund; aber das Greisenalter ist nicht der Stoff des Mißlingens, sondern ein Eindringling, der seine unbarmherzige Treue offenbart.

Das vorzeitige Altern zeigt, daß Fleisch und Knochen den Bodensatz des vom Leben gesammelten Unglücks aufsaugten. In der Gleichgültigkeit der kraftvollen Jahre, geläutert in den unbewußten Schichten, drückt die Erfahrung ihre grausame Weisheit aus. Um die Wachsamkeit des Todes zu entdecken, muß das Leben nicht gegen das in den Rissen des Körpers lauernde Alter stoßen. Es ist in der Wunde seines unerfüllten Wunsches, wo der Mensch seiner unerschütterlichen Begleiterin entgegentritt.

Der Mensch ist ein auf die Welt losgelassener Ehrgeiz, ein Streben, das jede Bahn übersteigt, eine Bemühung um unsterbliche Unternehmungen, ein Verlangen nach Wesenheiten und nach Gütern. Der Mensch ist das Wesen, das durch grenzenlose Habgier zu schrecklichen Rebellionen angespornt wird. Aber der Mensch ist ein Begehren, das kein Salz sättigt, eine Anstrengung, die nichts beschützt, eine zerbrechliche Sehnsucht, ein Hunger, der keine Sättigung kennt. Blinde Stöße werfen ihn von einem mißlungenen Vorhaben zu einem Wunsch, der unerfüllt bleibt. Der Ehrgeiz erlischt in der Asche seines Glanzes. Der Ruhm des Fleisches verzehrt sich in der Blässe der Morgenröte. Das Unglück nagt am fruchtlosen Fleisch seines Glücks.

Alles ist Tod am Menschen; versteckter Tod; heimlicher Tod.

Wir sind Lemurenblut, Larvenblut.

Unsere schreckliche Lehrzeit ist die Summe unserer mißlungenen Absichten. Die unterdrückten Begierden nähren unsere Todeserfahrung. Das Scheitern ist der Schatten, den das Verlangen auf den Plüsch der Erde wirft.

Das Leben hebt für gewöhnlich die Abwechslungen des Wünschens durch die Abwechslungen des Mißlingens auf. Um sich auf die ergötzliche Beute zu werfen, erhebt sich der Mensch über die Nichtbeachtung seiner Katastrophen. Das Leben ist hohl, schal, leer, durchbohrt mit Höhlungen und Löchern wie ein wandernder Schwamm. Ein absurdes Geschenk des Nichts an das Nichts, das vom Nichts mit seinen Gewässern gesättigt wird. Leerer Schutz gegen das Eindringen des Schicksals.

Die Überheblichkeit vorübergehender Arroganz verdeckt nicht das Bestehen der Angst, denn der Tod ist kein bloßes Auslöschen am Ende, sondern ein Ausatmen, das jedes Einatmen des Lebens begleitet und ausgleicht. Der Tod weist unseren Schritten nicht nur eine Bahn zu, er skandiert auch sein langweiliges Metrum. Der Tod ist nicht nur die Fremde, die am Wegrand wartet, sondern der Gast, den unser Wesen beherbergt.

Das Leben ist nicht der unerschrockene Gegner des Todes, sondern die mißverständliche Fusion von Existenz und Nichts. Das Leben ist die zeitweilige Geduld des Todes. Der Mensch ist eine vorübergehende Flucht aus seiner endlichen Verwesung.

Und dennoch: Das einzige Tier, das um sein Sterbenmüssen weiß, das einem ständigen Wandel unterworfene Tier, das von seiner chimärischen Hartnäckigkeit betrogene Tier, das Tier, das nur verderbliche Stoffe berührt – findet die Unsterblichkeit.

Der sterbliche Mensch, der Mensch, der Tod ist; der Mensch, der Zeuge der Ungültigkeit der Hoffnung, der Aufhebung des Versprechens, der nichtigen Erfüllung seines Begehrs ist; der Mensch, der das Maß der Sterne betrachtet und mißt, der die Unbeständigkeit der Stoffe wiegt, der das Vergehen des Universums in ein steriles Meer hinein voraussieht; ein Wesen, das von allem flieht; ein Wesen der Flucht und der Aufgabe; ein vergängliches, labiles, zerbrechliches und schwaches Wesen, ein willkürliches Wesen, das die Leere zeugt und aufsaugt: dieses elendste Wesen ergibt sich der ehrgeizigsten Illusion und äußert die groteskeste aller Behauptungen.

Wäre es am Ende wahrhaftig möglich, daß die auf irdischen Besitz beschränkten Sehnsüchte zerstöben und sich die jede bekannte Bedingung übersteigende Sehnsucht erfüllte? – Wäre es möglich, daß eine schutzlose Existenz, die sich willkürlich von Augenblick zu Augenblick fortsetzt, damit schließlich der Tod sie in seinen finsteren Mantel aufnehme, wäre es möglich, daß diese unsichere und schwache Existenz plötzlich, mitten in der Verwirklichung ihrer Katastrophe, einen unvergänglichen Körper übernähme?

Ist es nicht naheliegender anzunehmen, daß die Angst mitleidige Mythen webt? Daß die Trägheit unserer Vorstellungskraft unser übliches Dasein über die plötzliche Stille hinaus verlängern möchte? Daß die Schwierigkeit, sich das Aufhören aller Dinge vorzustellen, sich zum Schrecken des widerspenstigen Tieres gesellt, um jenes Gespenst zu erzeugen?

Burleske Theorie, Tochter des Traums, der das Erscheinen aufgelöster Schatten wiederholt; Tochter der hartnäckigen Liebe, die eine illusorische Wiederkehr erhofft; Tochter einer geheimen Stimme, die mit den Zypressen des Todes aufsteigt.

Doch wenn nichts auf das Rufen des Menschen antwortet, der die primitiven Gräber umstreicht, und nichts auf die Anrufung der heiligen Höhlen antwortet, wenn das Echo jenes verlassene Fleisch verstummen läßt, das die Sterne anheult: die vorsichtige Vernunft, die die winzigen Würfel ihres Überlegens auftürmt, erbaut nicht minder unpassende Beweise. Durch die Niedrigkeit ihres Ursprungs auf ihre minderen Aufgaben beschränkt, bindet sie die Strenge ihrer Handlungen selbst enger an die Erde. Ihre Exaktheit verrät die vielsagenden Analogien ihrer Niederlagen.

Doch wenn die Vernunft ihre eigenen Argumente verwirft, so genügt nicht die äußerliche Gültigkeit des Zeugnisses, um die Glaubwürdigkeit einer religiösen Offenbarung zu begründen. Dogmen gegenüber, die der menschlichen Erfahrung fremd sind, hält sich der Mensch abseits wie vor Darlegungen, die in einer ihm unbekannten Sprache gemacht wurden. Die Offenbarung setzt ein vorhandenes Substrat voraus: von der Erfahrung gefunden, Stoff des Denkens, Vermutung des Geistes, die organisiert, berichtet oder bestraft; aber die Offenbarung ist keine Säure, die die Leere eines Schreis oder die Leere eines gebrochenen Gedankens zersetzte.

Wenn der Mensch über eine vorausdeutende Erfahrung verfügte, ein bedeutsames und übertragbares Anzeichen, dann wäre die Inkompetenz einer Vernunft kaum von Belang, die angesichts des Seins und seiner Arten stumm bleibt und sich allein der Kohärenz zwischen Begriffen widmet, die sie weder postuliert, noch ableitet, noch versteht. Die Lehre von der Unsterblichkeit verkündet in der Tat die Glaubwürdigkeit einer Tatsache, die an sich nichts unerhörter ist als das bloße Existieren des Bewußtseins, das bloße Sein des Seins, als die absolute und letzte Tatsache schließlich, daß es eher etwas gibt, als daß es nichts gibt. Aber die Unsterblichkeit der Seele ist ein leerer Satz, eine tönende Struktur, die mit keiner bedeutungsvollen Struktur übereinstimmt, wenn uns nicht in irgendeinem Winkel des Bewußtseins etwas ihre Richtung zeigt, wenn es keinen Hinweis auf ihren möglichen Ort gibt, einen Ort, in der sie ihren irdischen Vorgeschmack bestätigt.

Wenn der Mensch unsterbliche Gegenwarten kennen muß, so nicht, damit ihn vage Analogien trösten, sondern um dem Versprechen eine rudimentäre Bedeutung zuzuerkennen. Wenn ihm jede entscheidende Erfahrung mangelt, so sagt der Mensch nichts aus, wenn er sich für unsterblich erklärt.

Leider scheint nichts dem Tod zu entgehen; alles bricht früher oder später in der starren Stille zusammen. Die materiellen Dinge fließen ewig hin zur letzten Gleichgültigkeit. Die ewige Materie ist ein Mythos, in dem die Vernunft das Geheimnis aufhebt, das sie beleidigt. Die blutleere Bevölkerung des axiomatischen Firmaments vermag es kaum, seiner willkürlichen oder empirischen Herkunft auszuweichen. Das Bewußtsein erlischt mit dem toten Individuum – oder es besteht weiter als Postulat eines anderen Fleisches. Wenn der Sternenhimmel den Untergang der Erde beleuchtet, so wacht doch kein Licht über dem Untergang des Sternenhimmels.

Das Nichts taucht unberührt aus seinen vorübergehenden Irrtümern auf.

Taub also für jeden mitleidigen Betrug, für die langweilige Schmeichelei des Stolzes, weder sinnlos rebellisch noch sinnlos vertrauend, verzweifelt der Mensch angesichts dieses Universums, das seinem Schweigen wie seiner Stimme gegenüber gleichgültig bleibt.

Auf das Nichts sich stützend tritt der Mensch dem Nichts entgegen.

Plötzlich jedoch, in seinem strengsten Augenblick, gestützt auf den Boden seiner eisigen Verzweiflung, entdeckt der abgewiesene, besiegte Mensch – ein Wrack zwischen Ruinen –, eifrig und ängstlich, verborgen im

Bodensatz der Erfahrung, versteckt in den geheimen Eingeweiden des Desasters, die Spuren einer seltenen Evidenz.

Wenn der Bankrott seines Strebens am jähesten geschieht, wenn die Wirklichkeit mit ihrer ironischsten Geste die Illusion zerschmettert, wenn die Überzeugung des Scheiterns am fürchterlichsten bestätigt wird, wenn das Absurde den nächsten Genuß verweigert, wenn in der Mitte aller seiner Bemühungen – im geheimen Herzen – die leere Abwesenheit, die grausame Abwesenheit des gesuchten Guts wächst: da, unerwartet, in der Evidenz selbst der Abwesenheit, bildet das unmögliche Objekt seines Traumes seine geheimnisvolle Nichtexistenz und seine entscheidende Präsenz.

Was das Nicht-Sterben als Wesen besitzt, ist die nicht existierende Vollkommenheit der ersehnten Dinge.

Der Wunsch, der gescheiterte Wunsch, der Wunsch, dessen Scheitern seine Bestimmung ist, der Wunsch, den das Leben erstickt und wiederbelebt, der unsterbliche Wunsch, der uns martert, ist unsere geheime Fähigkeit, die nicht vorhandene Vollkommenheit der Welt wahrzunehmen: die Vollkommenheit, die sich dem Flug des Wunsches entzieht, aber von der harten Spannung seiner Flügel verraten und offenbart wird.

Der Mensch verlangt nicht nach den Trugbildern, die der Besitz ihm übergibt. Wenn das Ziel des Verlangens nur das Objekt wäre, das durch unseren Besitz erreicht wird, wenn das Ziel des Verlangens nur das Ziel unserer dumpfen Wahrnehmung wäre, so würde der Mensch nicht mit dem schrecklichen Eifer ersehnen, mit dem er ersehnt; das Verlangen wäre nicht das tragische Fleisch der Welt.

Die wilde Intensität des Verlangens mißt nicht unsere Enttäuschung, sondern den Glanz des Zieles. Seine Energie, seine Stärke, seine Gewalt sind nicht Antrieb und Heftigkeit innerer tierischer Dringlichkeiten; der Ungestüm unseres unendlich heftigen Verlangens ist eine

Antwort, die das Objekt hervorruft, eine Antwort auf seine rufende Stimme. Der Glanz des Objekts ist keine Spiegelung des Verlangens. Der Glanz des Objektes ist kein durch unser Fieber gelieferter Vorwand. Der Glanz des Objektes ist kein Kunstgriff des Lebens, damit der Mensch der Versuchung zu leben erliege. Deutlicher Zauber ruft unsere Sehnsucht herbei. Unsere Leidenschaft bezeugt die Großartigkeit der Welt. Alles brennt in den eigenen Flammen – und wir selbst brennen in den Flammen der Dinge.

Aus der Schlaffheit heraus, in der sie ihre Nahrung verzehren, erweckt der Wunsch unsere rauhen Begierden. An die Stelle der ruhigen Inbesitznahme tritt die Unruhe, die der Genuß aufwühlt. Dem einfordernden Bedürfnis, der befehlenden Fülle, der Not, die eine entsprechende Befriedigung verlangt, gebietet der Wunsch die Gegenwart einer unerwarteten äußeren Fülle, einer unvorhersehbaren und von unserem Herzen ewig vorgesehenen Vollkommenheit. Die Begierde sättigt sich im Besitze, der sie tötet; der unsterbliche Wunsch entsteigt dem Besitze, der ihn verletzt.

Die Begierde erreicht nicht dort ihren Höhepunkt, wo sie ihre deutliche Aufhebung findet, aber alles, was uns dem körperlichen Angriff der Welt aussetzt, begünstigt die bedeutungsvolle Wahrnehmung der Dinge, die befehlende Morgenröte des Verlangens. So wie die Empfindung auf die Frage der Zeichen antwortet, antwortet das Verlangen auf die Anrufung des Bezeichneten. Wünschen heißt, dem verstehbaren Druck einer offensichtlichen Bedeutung nachgegeben zu haben. Der Mensch wünscht weder das nichtssagende Objekt, das seine Hände zu fassen vermögen, noch eine zufällige Klarheit, die der Wunsch selbst auf die neutrale Oberfläche projizierte; der Wunsch ist die Art, in der sich die Essenz eines Objekts in unserem totalen Sein spiegelt.

Individuelle Vollendung, die hinter ihrer Existenz wohnt, erstgeborener Akt, der ihrer bloßen empirischen

Potenz vorangestellt ist, totales Sein in dem das teilweise Sein sich krönt: die Essenz des Objekts ist die konkrete Fülle, die gehäufte Fülle, das unberührte weiche Mark. Die Essenz ist die frühere und vorausgegangene Fluoreszenz der Verheißung aller Dinge.

Die Essenz ist das von Beschränkungen, die es unterdrücken, befreite Objekt selbst. Vollständiges, unberührtes, reines Objekt. Die Gültigkeit aller seiner Anzeichen. Die Kurve, die seine Formen abschließt. Das klare Vergehen ihrer Linien. Der Halbschatten, in dem seine Dunkelheit sich lichtet, wo kristallklare Säfte seine Wurzeln und seine Gefäße füllen. Die umschlingende Kontur, die es an seinen Rausch der Fülle bindet.

Das Objekt des Verlangens ist die Essenz des von unserem Durst verfolgten sanften Wesens, der materiellen Gegenwart, die unsere Verwunderung hervorruft, der kurzlebigen und reinen Gelegenheit, in der unser Beben Unterschlupf findet wie in der Frische des Laubs.

Das Verlangen ist die Wahrnehmung des nicht existenten Wesens; d.h. nicht des Wesens ohne Realität, sondern der makellosen Realität, der Realität, die die Existenz weder befleckt noch erniedrigt. Objekt des Verlangens ist die individuelle Transzendenz jedes Objekts abseits unserer lächerlichen Existenz, außerhalb unseres erniedrigten Lebens, außerhalb unseres Todes.

In seinem enteigneten Zustand nimmt der Mensch die Essenz nicht als konkrete Fülle wahr, sondern als abstrakte Wünschbarkeit. Die abwesende individuelle Essenz erweist ihre Evidenz in der Wunde des Wunsches. Ihre jetzige Präsenz wäre Krönung der Sehnsucht; ihre schlichte Abwesenheit Neutralität des gleichgültigen Seins; ihre Gegenwart in der Abwesenheit ist Bedingung des irdischen und gewünschten Objekts. Das Erscheinen des Wunsches offenbart eine Gegenwart, die ihn ruft, und eine Abwesenheit, die ihn zunichte macht.

Wenn der Wunsch, die Habgier, die Leidenschaft uns mit dem irdischen Objekt nur die schreckliche Transparenz ihres unsterblichen Stoffes übergeben, so genügt es, daß wir vor irgend einer Gegenwart anhalten, losgelöst, ohne auf unsere Leidenschaft zu verzichten, desinteressiert, ohne unsere Teilnahme abzulehnen, entzückt in gelassener Betrachtung, ohne den Wunsch auszulöschen, indem wir schließlich die Liebe, die entpersönlicht, mit der objektivierenden Gleichgültigkeit verschmelzen, damit plötzlich und auf geheimnisvolle Weise sich die Essenz von den eigenen unfaßbaren Verboten befreie und in ihren faßbaren Körper übergehe. Der Mensch durchdringt die abwesende Präsenz seiner Sehnsucht und nimmt wahr, faßt, besitzt das einzige und sinnliche Fleisch des höchsten Gutes.

Ein dichter Block des Vergangenen, ausgeschlossen aus fernen Inseln, den eine Erwähnung mit ihrem wilden Zwitschern beschwört und in die Laubwälder der Gegenwart wirft. Fremder Wanderer, der unserem Herzen seine Ewigkeit eines Augenblicks anvertraut.

Jubelnde Sehnsucht, die am Rande ihrer sicheren Erfüllung zögert und in der realen Gegenwart ihres Versprechens die künftige Ernte aufnimmt.

Verborgene Welt in unserer durchsichtigen Welt; Helle eines Rückens im dunklen Forst, Reinheit des Teichs unter sich neigenden Zweigen.

Baum, der der Morgensonne die Kristalle des nächtlichen Regens entgegenhält; ruhiges Funkeln des Meeres zwischen gekrümmten Stämmen; Stille, in der sich unsere nackte Hingabe vergoldet.

Weiter Horizont von Hügeln unter dem matten Grün der Eichen; Tal, in dessen Schatten sich das Perlen plötzlicher Quellen verbirgt.

Frühling des hellsten Frühlings; Sommer, der die Feste des Sommers verschenkt; Herbst des honigreichen Herbstes; Winter des starren Frühlings.

Saft berauschter Bienenvölker; tägliches Brot der Liebe.

Fleisch einer Welt, wo das Fleisch zu neuem Leben erweckt wird.

Im Scheitern selbst; auf dem dunklen Wege seiner Enttäuschung und seines Betrogenseins; in der brüchigen Materie, in der bröckeligen Erde, im schwankenden Sand: es ist im Unbeständigen, im Wandelbaren, im bedrohten weichen Fleisch, wo der Mensch den festen Boden seiner Träume findet.

Mythos, den das Herz ersehnt und errät, von dem der Mensch nichts weiß; doch den seine störrische Hingabe vielleicht nicht wünschte, wäre er nicht seinem eifrigen Besitzenwollen verheißen.

DE IURE

Manibus – Henry Ireton – Commissary – General of the Army in memoriam putneianae controversiae -28 October – 1647 – Sacrum.

Thus he builds a tory consequence... on a whig foundation...

David Hume

(Essays – ed. Green and Grose – 1760).

ES IST NICHT LEICHT ZU WISSEN, WOVON DIE Rede ist, wenn wir vom Recht, von der Gerechtigkeit und vom Staat reden.

Unsere Feststellungen sind Bündel theoretischer Feststellungen, ethischer Gebote, praktischer Regeln und empirischer Beobachtungen.

Die zweifache Natur des Rechts, die mißverständliche Funktion der Justiz, die zweideutige Rechtsmacht des Staates verwirren uns.

Auch werden diese Themen von einer unmäßigen Rhetorik mit der Eloquenz pragmatischer oder sentimentaler Leidenschaftlichkeit vorgebracht, aufgewühlt und umlärmt.

Unsere intellektuelle Verwirrung entsteht jedoch nicht durch einen Zustand der Ignoranz, dem man leicht beikommen könnte, sondern durch die radikale Schwierigkeit, dem positiven Recht gegenüber die Existenz eines natürlichen Rechts zu verneinen oder zu bestätigen.

Die Klärung der Frage, ob die Begriffe *Recht*, *Gerechtigkeit* und *Staat* Fakten bezeichnen, die sich einfach ereignen, oder aber auch Fakten, die Werte darstellen, ist das Problem, das die juristische Theorie aufwirft und begründet.

In der Tat: die Frage der Gültigkeit des Rechts unabhängig von der reinen Tatsache seiner Geltung kann manchmal zurücktreten, aber nicht erlöschen.

Von der griechischen Berufung auf ein *ungeschriebenes Gesetz* bis zu den aktuellen Forschungen der deutschen Jurisprudenz zur *Natur der Sache*, hat die naturrechtliche These in ihren vielfältigen Verkörperungen das europäische Denken beschäftigt und die abendländische Geschichte erfüllt.

Das Positive des Gesetzes scheint nicht zu genügen. Es scheint, daß über die legale Norm hinaus, die das Handeln bestimmt, eine gerechte Norm herrschen sollte.

Ein endloser Dialog über dieses große Thema hebt in Platons Dialogen an. Bei Aristoteles werden die begrifflichen Routinen der künftigen Erarbeitung präzisiert. Und wenn der Epikureismus – unter den hellenistischen Schulen – künftigen Staatsrechtlern den primitiven Aufriß der vertragsrechtlichen Thematik vermittelt, so erweckt die Stoa im granitenen Haupt der kaiserlichen Juristen die Ahnung eines transzendenten Kriteriums.

Autorisiert durch eine knappe stoische Erinnerung in den Paulusbriefen, formen die abendländischen Kirchenväter aus dem Teig Ciceronischer Texte eine Doktrin, welche von den *Etymologien* des Sevillaners verbreitet wird und sich durch die restaurative Geste des Irnerius verstärkt in der siegreichen Scholastik ausdrückt und kulminiert.

Weder der Realismus der Politiker der Renaissance noch die Theorie lutherischer Theologen, die sich auf die Zeit nach dem Sündenfall bezieht, schaffen es, jene Naturrechtslehre auszumerzen, die kalvinistische Pamphletisten, Dominikanermönche und jesuitische Patres solidarisch teilen. Im Gegenteil: durch erfahrene niederländische Hände aus seiner theologischen Verankerung gelöst, beherrscht das Naturrecht zwei Jahrhunderte lang jede juristische Spekulation, bis es seinen reinsten und edelsten Ausdruck im Denken Kants findet und seine ironischste Vereitelung in den revolutionären Proskriptionen.

Während des 19. Jahrhunderts erschlafft das Naturrecht zwischen einer Bourgeoisie, die es ausnutzt, um ihre Vorherrschaft zu erhalten, und einem Proletariat, das es verachtet, nachdem dessen ideologische Funktion aufgedeckt wurde. Und dennoch: die liberale Doktrin verkleidet nicht bloß Interessen, und die verschiedenen Spielarten des Sozialismus schaffen es nicht, mit ihren soziologischen Überlegungen die naturrechtliche Sensibilität zu kaschieren, die sie antreibt.

In diesem unfreundlichen Klima pendelt die juristische Literatur zwischen einem strengen Legalismus und einem minutiösen Historismus. Der Empirismus des Rechtskundigen oder des Historikers herrscht vor.

Auf diese Weise haben die deutschen Juristen trotz der genialen Ahnungen Savignys es nur verstanden, der wörtlichen Gesetzestreue der klassischen französischen Zivilrechtler einen staatlichen Positivismus entgegenzusetzen. Sogar in jener Nation, die zwischen den Resten der gewohnheitsrechtlichen Jurisprudenz den liberalen Kontraktualismus verbreitete, blüht im Schatten Hobbes' der Positivismus der kaiserlichen Juristen in der Austinschen Theorie des Gesetzes.

Die Bedeutung des juristischen Denkens des Jahrhunderts ruht auf seiner anderen Seite: sowohl in der systematischen Arbeit der Pandektisten, die im Gebäude eines Windscheid kristallisiert, als auch in der bewundernswerten historischen Arbeit eines Mommsen, eines Gierke oder eines Maitland.

Das erschöpfte Naturrecht überlebt dennoch die Untergrabung durch Maine oder Bergbohms Sturm, um sich gegen Ende des Jahrhunderts, neben der einsamen und faszinierenden Beharrlichkeit des neothomistischen

Naturrechts, wieder kraftvoll unter den Juristen zu erheben.

Naturrecht verschiedenen Inhalts, Rechtsregel, Rechts-Philosophie, Rechtswissenschaft: in Halle, Bordeaux, Rom, Nancy keimt das Naturrecht im Bett des Formalismus oder des neokantianischen Moralismus, des soziologischen Doktrinarismus oder des Intuitionalismus aus der Zeit der Jahrhundertwende: Stammler, Duguit, del Vecchio, Gény.

Das Naturrecht gewinnt einmal mehr juristische Respektabilität. Seine Systeme mehren sich, und Dissertationen gibt es zuhauf. Späterhin münden die Bemühungen, ein phänomenologisches Naturrecht zu errichten, in den Versuch, eine existenzielle Naturrechtslehre herauszukristallisieren.

Zweifellos beklagen die Positivisten den eigentümlichen Zeit-Geschmack ihrer zeitlosen Normen; zweifellos beobachtet der Historiker, wie sich seine intuitiven, soziologischen, axiologischen oder formalen Fundamente mit derselben Leichtigkeit in der Zeit auflösen wie die rationalen Evidenzen der Scholastiker im 13. Jahrhundert, der *Philosophen* des 18. Jahrhunderts oder der Liberalen im 19. Jahrhundert; aber dem Beharren seiner Kritiker und der zunehmenden Mäßigung seiner Anhänger zum Trotz, besteht das Naturrecht weiter.

Es genügt, daß ein Jurist seinen Beruf befragt oder daß eine kleine Unterbrechung der Routine das Gewissen eines Volkes erschüttert, damit die Frage nach der Gültigkeit des Rechts gegenüber der rohen Geltung des Gesetzes unversehrt auferstehe.

Die Instabilität des Rechtsbegriffs spült offenbar die übrigen verbundenen Begriffe zum selben Treibsand hin.

Die *Gerechtigkeit*, die ein Elender aus dem Kellerverlies heraus anruft, in dem ihn das Unglück erdrückt, gleicht nicht der *Gerechtigkeit*, die ein wohlgenährter

Richter zwischen Rechtsvorschriften sitzend, verwaltet. Niemand weiß, was die wirkliche *Gerechtigkeit* ist: jene, die die politische Aktivität der revolutionären Eschatologie beseelt, oder jene, deren *Herrschaft* für einen hervorragenden Juristen die letzte Finalität des Rechts bedeutet – oder schlicht jene, die wie ein Denkmal aus dem 19. Jahrhundert ihre Schwere auf dem Sokkel eines Prätoriums ruhen läßt. Ist die Gerechtigkeit ein Gefühl oder ein Begriff? Eine regulierende Idee der Vernunft oder ein erreichbares Programm? Die Idee, die die einen halbieren und die anderen dreiteilen? Die Formel der *Digesten*? Eine undefinierbare Intuition? Oder vielleicht der kategorische Imperativ der Kantschen Ethik selbst?

Zuletzt erhebt sich die Frage des *Staates.* Eine rohe, totale, massive Wirklichkeit, die sowohl in ihren keimenden Formen als auch in der vollen organischen Ausformung den Menschen umfaßt. Ein Geflecht von Geboten, zu Institutionen erstarrt, die das Individuum nicht nur als stoffliche Realitäten vorfindet, die es lenken, sondern auch als mentale Reflexe, die es regieren.

Er ist gewiß die Behausung aller unserer Handlungen, aber eine Behausung, die unsere Handlungen errichten oder zerstören. Eine objektive Ordnung – aber auf einen Raster persönlicher Optionen gesetzt. Steinerne Werkstatt – und dennoch ein Projekt, das wir in jedem Augenblick billigen oder verdammen sollen. Nicht nur historische Notwendigkeit, sondern auch juristisches Konstrukt.

Und doch: Wie sollen wir die Natur des Staates definieren, wenn wir nicht wissen, ob er das Recht erzeugt oder das Recht ihn? Was ist denn das Recht, wenn seine Gerichte es nicht anwenden? Und was ist ein Gericht, wenn es nicht vom Recht eingesetzt wird?

Hat es Sinn, uns über die Legitimität der öffentlichen Macht Fragen zu stellen? Wenn das Gesetz lediglich ein souveränes Mandat darstellt – sei der Souverän Monarch, Versammlung oder Volk –, ist nicht eher der bloße Besitz der Macht deren autonome Legitimation?

Es genügt also nicht, das Studium der Natur des Staates, seiner Funktion und seines Zweckes auf die trivialen Verallgemeinerungen der Soziologie zu beschränken, noch es demütig der Geschichte anzuvertrauen. Vielleicht könnte sie uns eines Tages ein verständliches Modell des Staates zeichnen; und sie könnte uns sicherlich die Vielfalt seiner Formen und die Komplexität seiner Beziehungen beschreiben; aber wenn wir die Definition seiner juristischen Natur nicht kennen, wie könnten wir entscheiden, ob wir uns unterwerfen oder rebellieren sollen? Und wie wüßten wir, wann wir es tun sollten?

Kein Problem ist also authentischer als das Problem des *Rechts*, der *Gerechtigkeit*, des *Staates*, keines quälender, keines dringender. Ausdrücklich oder stillschweigend ist die Lösung, für die sich ein Individuum entscheidet, die höchste Norm seines Verhaltens; und die Lösung, die eine gesamte Gesellschaft annimmt, bestimmt ihren Charakter, ihre Geschichte und ihr Schicksal.

Die Gewichtigkeit des Themas schließt also die unvermeidliche Trivialität des Nachdenkens ein, das ihm jemand widmen wollte. Und da die wenigen möglichen Lösungen des Problems alle bekannt sind, würde jeder, der Originalität anstrebte, bloß seine Ignoranz bekunden.

Aber die folgenden Seiten versuchen nicht einmal für das *quid est ius*? des Juristen eine gemeine und platte Lösung gegenüber dem *quid est iuris*? des Fachmanns vorzuschlagen. Sie erläutern nur den Vorteil, bestimmte semantische Normen für den Umgang mit diesen Themen zu akzeptieren. Im übrigen fordern sie auch nicht autonom die vorgestellten Normen ein, sondern regen an, sie dort dem Erbe an Vokabeln zu entnehmen, wo sie die Tradition in ihren Kernschichten niederlegte.

In der Tat: Wer inmitten des Erbes an Thesen, das die Jahrhunderte uns übergeben, die unendlich weite Literatur über diese Themen betrachtet, sieht als evident an, daß gewisse Linien die Struktur eines möglichen kohärenten Diskurses entwerfen. Es genügt, die verschiedenen Typen an Vorschlägen, die darin verschmolzen sind, analytisch abzusondern, und die Verwicklungen einer bestimmten These, die einst hervorstach und heute obsolet ist, explizit darzulegen, um festzustellen, wie das Vokabular dieser Themen in systematische Gebilde kristallisiert.

Die These wählt autonom aus den erhaltenen Bedeutungen jene aus, die sich reziprok als kohärentes System semantischer Beziehungen aufbauen. Die These bestimmt jedoch nicht die Eindeutigkeit des Vokabulars, sondern entdeckt sie als in den Vokabeln latent vorhanden. Die eindeutigen Thesen und Vokabeln drücken also eine einzige verstehbare Ordnung aus. Die These entpuppt sich als bloßes Profil der Vokabeln, als schlichtes abstraktes Schema der semantischen Intentionalität, die sie konkret prägt.

Weder die relevante These noch das semantische Vokabular sind also Werk eines Tages. Die jahrtausendealten Erzeugnisse der Sprache erzeugen Diskurse, die nicht Ausdruck eines grimmigen Individuums sind, sondern ein Akt der Spezies.

Die Skizze kohärenter Beziehungen, die der heuristische Gebrauch der These aus dem lexikographischen Knäuel von Bedeutungen herauszeichnet, scheint andererseits der Ausdruck einer Struktur zu sein, die sich nicht auf einfachere Strukturen reduzieren läßt. Der vom Verfahren erzeugte kohärente Diskurs scheint ein notwendiger Diskurs zu sein.

Doch wenn – in diesem Fall – eine epistemologische Funktion die schlichte semantische Korrektheit stützt, so ist für ein vergleichbares Vokabular ein korrekter Gebrauch a priori vorhanden, und wer gegen ihn verstößt, macht seinen Diskurs dümmer.

Die knappen Seiten, die nun folgen, wären vielleicht überzeugender, wenn sie den sie begründenden methodologischen Prozeß genetisch kopierten. Aber vielleicht läßt sich eine übersichtlichere Skizze schaffen, wenn wir nicht das Durcheinander an Bedeutungen untersuchen, aus dem er geboren wird, sondern, umgekehrt, den Prozeß von den Folgen her darlegen, zu denen er gelangt.

I

Die Rechtstheorie, die Theorie der Gerechtigkeit und die Staatstheorie sind nicht drei verschiedene Theorien, sondern Teile einer einzigen Theorie. Sie alle sind Kapitel der juristischen Theorie.

Recht, Gerechtigkeit und Staat sind tatsächlich eher juristische Begriffe als soziologische, ethische oder politische Phänomene. Der juristische Charakter herrscht vor, weil der juristische Begriff nicht ein schlichtes Geflecht soziologischer, ethischer und politischer Fakten ist, sondern ein autonomer Tatbestand.

Das Juristische ist kein geistiges Werk, um eine empirische Vielfalt verstehbar zu ordnen. Das Juristische ist keine Konzeption.

Das Juristische ist – je nachdem, welche radikale Stellung man einnimmt – entweder Kategorie oder Struktur. Gleichermaßen.

Weil eine juristische Struktur (eine Kategorie) vorhanden ist, können Recht, Gerechtigkeit und Staat soziologische Aspekte annehmen, ethische Probleme aufwerfen und in die Geschichte eintreten.

Das Juristische ist – wie das Logische – eine strenge Kategorie des Geistes, eine strenge Struktur des Universums.

Wenn das Logische tatsächlich im Akt des Subjekts gegeben ist, das nur Objekte kennt, so ist das Juristische im Akt des Subjekts gegeben, das ein anderes Subjekt anerkennt.

In diesen beiden Akten erschöpft sich die Auswahl möglicher Akte. Das Subjekt hat bloße Objekte vor sich – oder es trifft aber auch auf ein weiteres Subjekt. Sein Dilemma ist einzigartig: entweder ist für das Subjekt alles Objekt, oder es gibt ihm gegenüber auch ein anderes Subjekt. Zwischen dem epistemologischen Subjekt und dem epistemologischen Objekt sind keine weiteren formalen Beziehungen vorstellbar.

Dort der einsame Akt eines Subjekts, der nur Objekte kennt; hier der Akt eines Subjekts, das ein anderes Subjekt erkennt, aber nur als solches erkennt, wenn es das Subjekt nicht bloß denkt bzw. darauf wirkt, sondern wenn es mit ihm solidarisch handelt.

Ein anderes Subjekt anzuerkennen ist keine schlichte gnoseologische Haltung, sondern praktische Begegnung, denn in der theoretischen Begegnung finden wir nur spezifische Objekte. Ein Subjekt kennt ein anderes Subjekt nur in der praktischen Begegnung, in der es dieses anerkennt.

An einem Subjekt dessen Subjektcharakter anzuerkennen, heißt, in ihm seine logische Funktion anzuerkennen, denn vor jeder möglichen Entscheidung ist das Subjekt ausnahmslos reine Bedingung logischer Kategorisierung. Die Natur des Objektes hängt von der Kategorie ab, in die das Subjekt es versetzt, während die Natur des Subjekts die Freiheit bedeutet, sich in irgend eine Kategorie zu setzen.

An einem Subjekt seine Natur anzuerkennen, bedeutet also nicht der theoretische Akt, es als spezifisches Objekt zu behandeln, sondern der praktische Akt, mit ihm eine logische Funktion zu teilen und somit solidarisch ein System zu errichten.

Die Anerkennung ist ein praktischer und solidarischer Akt, analog dem theoretischen und einsamen Akt des Erkennens. Beide sind Kategorien oder Strukturen, die sich weder aufeinander reduzieren lassen, noch auf einfachere Strukturen oder Kategorien.

Der einsame Akt des einsamen Subjekts ist der logische Akt; der solidarische Akt zweier verschiedener Subjekte ist der juristische Akt.

Das Juristische ist – wie das Logische – ein formales System. Das Juristische und das Logische sind allgemeine Formen zweier Typen formalisierter axiomatischer Systeme.

Das Logische ist die allgemeine Form jener formalisierten axiomatischen Systeme, deren Axiome ein einziges Subjekt postuliert; das Juristische ist die allgemeine Form jener formalisierten axiomatischen Systeme, deren Axiome von zwei verschiedenen Subjekten aufgestellt werden.

Das logische Axiom ist der einsame Akt eines einzigen Subjekts; das juristische Axiom ist solidarischer Akt zweier verschiedener Subjekte.

Das Logische ist postuliertes Axiom; das Juristische ist vereinbartes Axiom.

Das Juristische ist Vereinbarung.

So wie die logische Form die Kohärenz des Subjektes mit sich selbst ist, so ist die juristische Form die Kohärenz zweier Subjekte untereinander.

Das Logische ist die Notwendigkeit abzulehnen, was dem postulierten Axiom widerspricht, denn dessen Annahme würde das Postulat annullieren und dem gleichkommen, es nicht postuliert zu haben. Es hieße also, nichts getan zu haben.

Es tut nichts zur Sache, ob die Sache des Postulats eine notwendige Wahrheit, ein göttlicher Gedanke, eine experimentelle Beobachtung, eine billige Annahme oder irgend etwas anderes ist – die Evidenz ist ein psychologisches Geschehen ohne zwingenden Charakter; aber wenn die Wahl des Postulats frei ist und die Willensentscheidung souverän, so befindet sich doch der logische Schluß in einer strikten Kohärenz mit dem Postulat, ist er unverbrüchliche Treue des Subjekts dem übernommenen Postulat gegenüber.

Das Logische ist die Form der unausweichlichen Voraussetzung dafür, daß das Subjekt seinen einsamen Akt nicht annulliert.

Analog dazu ist das Juristische Form der unausweichlichen Voraussetzung, damit zwei verschiedene Subjekte ihren solidarischen Akt nicht annullieren.

Das Juristische ist die Notwendigkeit, das abzulehnen, was dem vereinbarten Axiom widerspricht, denn dessen Annahme würde die Vereinbarung annullieren und dem gleichkommen, nichts vereinbart zu haben. Es käme also dem gleich, nichts getan zu haben.

Es tut nichts zur Sache, ob die Sache der Vereinbarung eine absolute Norm, göttliches Gebot, technische Vorschrift, willkürlicher Einfall oder irgend etwas anderes ist – die Überzeugung ist ein soziologisches Geschehen ohne zwingenden Charakter; wenn aber die Wahl der Vereinbarung frei ist, und das Einvernehmen im Willen souverän, so besteht die Legalität hingegen in einer strikten Kohärenz mit dem Vereinbarten, ist eine unverbrüchliche Treue beider Subjekte zur solidarisch angenommenen Vereinbarung.

Vereinbarung ist die Verpflichtung, das Vereinbarte einzuhalten.

In einem formalisierten axiomatischen System gehorcht sowohl die Wahl der Axiome als auch die Setzung der Regeln zur Veränderung des Systems einer einzigen obligatorischen Regel: Axiome und Regeln müssen absolut eindeutig sein.

Das formalisierte axiomatische System ist im Grunde die Einhelligkeit seiner Regeln und seiner Axiome. Das System hebt sich auf, wenn die Bedeutungen verändert werden.

Es ist also unannehmbar, daß ein logisches System Regeln enthält, die es dem Subjekt erlauben, willkürlich die Bedeutung der Regeln bzw. der Postulate zu verändern. Und es ist ebenso unannehmbar, daß ein juristisches System Regeln enthält, die es beiden Subjekten – oder aber nur einem von ihnen – erlauben, willkürlich die Bedeutung der Regeln bzw. der Vereinbarungen zu ändern. Die freie Änderung der postulierten Inhalte zu postulieren bedeutet, das Postulat zu annullieren; die freie Änderung der vereinbarten Inhalte zu vereinbaren bedeutet, die Vereinbarung zu annullieren.

Um die Inhalte eines Systems zu ändern, ist es nach dem Prinzip der Eindeutigkeit selbstverständlich nötig, das geltende System abzuschaffen und ein neues zu postulieren bzw. zu vereinbaren.

Es versteht sich, daß in einem Fall der freie Entschluß eines einzigen Subjekts genügt, im anderen aber das Einvernehmen im Wollen beider verschiedener Subjekte erreicht werden muß, während der Wille eines einzigen selbstverständlich nicht genügt.

Es wäre also logisch betrachtet absurd und juristisch betrachtet illegitim zu akzeptieren, daß zwischen zwei Subjekten vereinbart werden könnte, einem von ihnen stünde es frei, nach eigenem Gutdünken die Vereinbarung abzuändern, sie nach eigenem Ermessen aufzuheben bzw. mit sich selbst allein die Inhalte einer neuen Vereinbarung willkürlich zu definieren. Weil die Vereinbarung laut Definition der solidarische Akt zweier verschiedener Subjekte ist, wäre es widersprüchlich zu vereinbaren, daß sie der einsame Akt eines einzigen Subjektes sei.

Die einzige zwingende Regel jeder Vereinbarung ist jene, die das Vereinbaren gegen die Vereinbarung selbst verbietet.

Vereinbarung ist die Verpflichtung, die Vereinbarung einzuhalten.

Die reine juristische Kategorie besteht also nur aus einer ausdrücklichen Definition und zwei tautologischen Aussagen:

I Das Recht ist Vereinbarung.
II Vereinbarung ist die Verpflichtung, das Vereinbarte einzuhalten.
III Vereinbarung ist die Verpflichtung, die Vereinbarung einzuhalten.

Ausdrückliche Definitionen und tautologische Aussagen sind die Regeln, die jede juristische Konstruktion bilden.

Recht ist, was die erste Regel aufbaut und bestimmt; Privatrecht ist, was die zweite Regel aufbaut und bestimmt; öffentliches Recht ist, was die dritte Regel aufbaut und bestimmt.

Jede andere Definition ist unerlaubt.

II

Ist einmal die juristische Kategorie identifiziert, ergeben sich die zutreffenden Bedeutungen von *Recht, Gerechtigkeit* und *Staat* von selbst.

Recht ist die Verhaltensregel, die sich aus der Vereinbarung ergibt. *Gerechtigkeit* ist die Beachtung der Rechtsregel. *Staat* ist die Rechtsregel, die die Beachtung sichert. Juristisch gesehen sind Recht, Gerechtigkeit und Staat nichts anderes.

Wenn das Recht die Verhaltensregel ist, die sich aus der Vereinbarung ergibt, so ist das objektive Recht die empirische Gesamtheit der rechtlichen Regeln, und subjektives Recht der sich auf die Regel gründende Anspruch auf Leistung. Das objektive Recht ist die Regel selbst, das subjektive Recht die Folge der Regel.

Aufgrund der strengen Bedeutung, die der Rechtsbegriff auf diese Weise gewinnt, muß unmittelbar gefolgert werden, daß alles Recht positives Recht ist, und zugleich, daß alles im Recht positiv ist, außer das Recht selbst.

Zunächst ist es evident, daß alles Recht positives Recht ist, denn die Annahme eines Naturrechts, das älter als die Rechtsregel wäre, würde im Widerspruch zur Definition des Rechts selbst stehen. Alles Recht ist positiv, weil die Regel aus einer Vereinbarung entsteht, das heißt: aus einem praktischen Akt, der positiv verwirklicht wurde.

Die Gültigkeit der Regel entsteht nicht aus ihrer Übereinstimmung mit den engelhaften Normen eines Naturrechts, sondern aus ihrem juristischen Charakter. Das will heißen: aus seinem Charakter als vereinbartes Axiom in der Begegnung zweier verschiedener Subjekte.

Für die Geltung der Regel ist unerheblich, welche Motive zur Vereinbarung führten bzw. welches Verhalten vereinbart wurde; es genügt auch nicht, um ihre Ungültigkeit zu erklären, daß sie ethische Normen oder *unsterbliche Prinzipien* bricht. Ihre Gültigkeit hängt allein von der Legalität ab, nicht von der Affinität zu bestimmten Vorurteilen. Legalität ist formeller Charakter; uns fehlen materielle Kriterien, um *de iure ferendo* zu dogmatisieren, bzw. Prinzipien, um *de iure lato* zu bewerten. Wenn eine Regel formal gültig ist, so hat nur eine allgemeinere Regel desselben Systems die Kompetenz, über ihre materielle Geltung – über die Geltung ihres Inhalts – zu richten.

Das sogenannte *Naturrecht* ist kein Recht. In ihm kommt eine Ethik zum Ausdruck, die sich betrügerisch juristische Gültigkeit anmaßt, oder aber es schmückt und putzt sich damit die Ideologie eines Individuums, einer Sekte oder einer Schicht.

Analog dazu ist auch die These einer präexistenten Tafel subjektiver Rechte unzutreffend. Die sogenannten

Menschenrechte, ganz gleich wie sie gemessen oder nach welcher Formel sie verschrieben werden, sind bloße Feststellung von Erwartungen und Wünschen, das heißt: schlichte psychologische Ereignisse, nicht subjektive Rechte, die juristisch begründet wären.

Das subjektive Recht ist in der Tat bloßer juristischer Anspruch positiven Rechts. Da die rechtliche Regel nicht einfach ein Recht feststellt, sondern es hervorbringt, sind die subjektiven Rechte nicht in der *Vernunft des Menschen* oder im *menschlichen Gewissen* eingeschrieben, sondern im Rechtssystem einer Gesellschaft und in den Annalen eines Volkes. Jedes subjektive Recht ist erworbenes, konkretes, historisches Recht.

Der Mensch hat keine anderen Rechte als jene, die sich als Folge aus der Rechtsregel ergeben. Ein dem Menschen inhärentes Recht zu verkünden, heißt einen Satz ohne intelligiblen Sinn auszusprechen.

Alles Recht ist also positives Recht; aber, darüber hinaus: wenn alles im Recht positiv ist, so ist es das Recht selbst nicht.

Die aus der Vereinbarung sich ergebende Regel ist die materielle, nicht die formale Regel des Rechts. Jede Vereinbarung schafft die Sache der Regel, nicht aber die Form der Regel, die ja Form der Vereinbarung selbst ist. Die Legalität ist in der Tat nicht Inhalt der Vereinbarung. Das Legale ist Kategorie bzw. Struktur.

Wenn also alles im Recht positiv ist, abgesehen vom Recht selbst, so ist nicht alles *positive Recht* notwendigerweise Recht.

Die Norm, die die formale Bedingung des Rechts nicht erfüllt, ist keine juristische Norm. Da das *positive Recht* aus den zwingenden Verhaltensnormen einer Gesellschaft besteht, so genügt ihr zwingender Charakter, um eine Norm als geltende Verfügung *des positiven Rechts* zu stempeln, nicht aber um sie als Rechtsregel zu rechtfertigen. Die Legalität einer Regel ergibt sich aus ihrem Charakter als vereinbartes Axiom in der Begegnung zweier verschiedener Subjekte; also ist die zwingende Norm nur dann eine Rechtsregel, wenn sie aus einer doppelten Vereinbarung entsteht: Vereinbarung über ihren Inhalt, Vereinbarung über ihren Zwangscharakter. Das *positive Recht* kann also Edikte, Gesetze, Kodizes umfassen, die keine Rechtsregel sind.

Verfügungen *des positiven Rechts* ohne juristische Gültigkeit sind jene, die ein souveräner Wille bestimmt. Die Annahme, daß einer derartigen Quelle eine Rechtsregel entstammen könnte, würde bedeuten inkongruenterweise einzuräumen, daß die Rechtsregel Akt eines einzigen Willens sei, daß sie also keine Vereinbarung sei, d.h. daß sie keine Rechtsregel sei. Juristisch gesehen ruht die Souveränität in der Übereinstimmung der Willensakte.

Was dem Fürsten genehm ist, hat zweifellos Gesetzeskraft. Aber dieses *souveräne Mandat* ist keine Rechtsregel und entbehrt des obligatorischen juristischen Charakters. Dieses Gesetz zu brechen bedeutet nicht, eine Regel zu brechen oder ein Recht zu finden, sondern eine angemaßte Herrschaft durch List oder Gewalt zu besiegen.

Um einem souveränen Willen juristische Geltung zu geben, genügt es nicht, ihn einem Monarchen von Gottes Gnaden, einer Versammlung von Mandataren des Volkes oder einer gesamten Nation – mit Ausnahme einer einzigen einsamen Stimme – zuzurechnen, wie es nicht genügt, daß die gesamte Menschheit sich widerspricht, um das Prinzip des Widerspruchs ungültig zu machen. Das Recht wird weder in der kaiserlichen Ratsversammlung noch im Senat, noch im Konzilium der Plebs gegründet, nicht einmal in der Wählerversammlung des Volkes, sondern dort, wo ein Mensch einen anderen Menschen anerkennt.

Der Rechtspositivismus und das Naturrecht sind ebenfalls ungenügend, denn sie definieren das Juristische nicht genau; das Naturrecht verdunstet es als Ethik, der Positivismus löst es als Soziologie auf. Sie sind überflüssig, denn die Rechtsregel löst allein das Problem der juristischen Obligation.

Weil sie die Verpflichtung ist, das Vereinbarte zu respektieren, braucht die Rechtsregel keinen naturrechtlichen Vormund, der sie unterstützt, noch duldet sie die rechtspositivistische Einmischung, die sie bricht. Um die juristische Verpflichtung zu erklären, ist es überflüssig, sich auf eine ethische Pflicht oder auf den gesellschaftlichen Druck zu berufen; es genügt, sich an die Definition der Regel zu halten. Die Rechtsregel ist nicht deshalb juristisch unverletzbar, weil sie eine moralische oder eine staatliche Macht schützt, sondern weil die Regel in tautologischer Weise ihre eigene Unverletzlichkeit ist; unverletzliche Regel und Rechtsregel sind tautologische Ausdrücke.

Die Rechtsregel teilt selbstverständlich ihre tautologische Unverletzbarkeit mit dem subjektiven Recht, das sie schafft. Die subjektiven Rechte sind unverbrüchlich und unantastbar. Das subjektive Recht, das als Folge einer Regel erworben wurde, wird in einem juristischen System einer allgemeineren Regel unterworfen, aber kein subjektives Recht kann durch einen souveränen individuellen oder kollektiven Willen erweitert, eingeschränkt oder aufgehoben werden, selbst dann nicht, wenn sich dieser Wille zum Willen der gesamten Menschheit ausriefe oder, geschickter, zum mystischen, allgemeinen Willen. Das konkret und historisch erworbene subjektive Recht ist juristisch absolut.

Aus der Definition ergibt sich, daß ein juristisches System formal nichts anderes ist als eine Struktur unverletzbarer Regeln.

Die Unverletzbarkeit der Regel bestätigt ebenso die juristische Sicherheit des positiven Rechts. Die juristische Sicherheit besitzt zweifellos keine tautologische Notwendigkeit, sondern empirische Möglichkeit, aber ihre wachsende Wahrscheinlichkeit ist eine Funktion sowohl der Unverletzbarkeit der Regel wie der Häufung von Regeln und der wachsenden Zahl von Individuen, die in Zeit und Raum an die Regeln gebunden werden.

Ein Rechtssystem wäre sterblich und kurzlebig, wenn es auf eine einzige juristische Situation zwischen zwei Subjekten beschränkt bliebe. Seine juristische Sicherheit wächst mit der Zahl von Regeln, mit der Vervielfachung der Subjekte, die es bindet, und mit der rechtlichen Überschneidung zwischen den Angehörigen sukzessiver Generationen, die die Unverletzlichkeit der Regel in jedem Augenblick des Zeitlaufs gegenseitig verbindet. Kraft des von ihr gewobenen juristischen Netzes, der Menschenmasse, die sie einschließt, der unerschöpflichen Folgen von Generationen, schafft die unverletzliche Regel keine bloßen augenblicklichen Situationen, die nur gültig wären, solange sie das Verhalten eines dem Tode geweihten Individuums lenkten. Es erübrigt sich also, *unsterbliche Prinzipien*, *Naturgesetze bzw. gründende Intuitionen* zu beschwören, um die Sicherheit des Rechts abzusichern, denn die Rechtsregeln weben ganz von allein mit Kette und Schuß.

Das Recht ist kein zeitloses Normenstatut, noch willkürliche Sammlung unpersönlicher Vorschriften, sondern historische Akkumulation von Vereinbarungen in der Zeit, zwischen Individuen geschlossen, die sich gegenseitig als solche anerkennen.

Da die *Gerechtigkeit* die Überwachung der Rechtsregel ist, so ist gerecht jene Handlung, die die Regel einhält, ungerecht jene Handlung, die sie nicht erfüllt. Ungerechtigkeit ist die Verhöhnung und der Bruch der Regeln.

Einer gewissen berühmten Definition gemäß besteht die Gerechtigkeit darin, jedem das Seine zu geben, d.h. das gültige Recht zu respektieren, das jeder Mensch besitzt. Die Gerechtigkeit kann, was sie ausgleicht und austeilt, nur zusprechen, wenn sie es mit der Rechtsregel mißt. Die Gerechtigkeit wägt nicht ab, teilt nicht zu, sondern registriert und bestätigt. Die Gerechtigkeit ist keine Tafel transzendenter Rechte, sondern die oberste Verpflichtung, der getroffenen Vereinbarung und den geschaffenen Rechten treu zu sein.

Das Gerechte ergibt sich nicht aus der Intuition einer Wesenheit, auch nicht aus einer besonderen Emotion, noch ist es Gehorsam gegenüber bestimmten Normen. Gerecht ist die Tat dessen, der das Gehörige tut, der jedem das Seine zuordnet, der so handelt, daß seine Handlungsweise als Gesetz dienen kann. Gerecht ist die Handlung gemäß der Regel.

Das Gewicht der Ungerechtigkeit und die Gelassenheit des Gerechten wecken dennoch den Zweifel, ob Ungerechtigkeit und Gerechtigkeit bloß der Nichterfüllung bzw. der Befolgung einer menschlichen Norm entspringen können. Hier scheinen keine Wirbelwinde zu fegen, sondern See- und Landwinde.

Das ethische Zaumzeug der Gerechtigkeit geht freilich über das juristische Statut hinaus. Die leuchtende Gegenwart eines Wertes in der gerechten Handlung und die abscheuliche Positivität der Ungerechtigkeit erstrahlen aus den einfachen juristischen Handlungen in erhabener Klarheit. In diesem unbestechlichen Licht verwandelt sich der empirische Streit der Geschichte in einen heiligen Wettstreit. In seiner alltäglichen Unreinheit keimen göttliche Phantome. Aber der axiologische Charakter und der Rang der gerechten Handlung verändern deren ontologische Natur nicht. Gerechtigkeit ist die Tugend, die in der Befolgung der Regel besteht.

Wer von einer höheren und edleren *Gerechtigkeit* spricht, läßt sich von frommen Foppereien, von ethischen Skrupeln oder von den materiellen Gütern irreführen, die er anstrebt.

Der Mensch ruft nach göttlicher Gerechtigkeit, um seinen Stolz vor der inakzeptablen Willkür der Gnade zu schützen. Unsere Eitelkeit empört sich gegen die unvermeidliche Unterwerfung. Der Rechtsstreit des Pharisäers ist nur einem legalistischen Kult eigen, in dem sich die Gebote häufen und die Erfüllung gewogen wird – aber wo Justiz auch die Beachtung einer Regel ist. Wer juristische Mittel vorschützt, um seine Gebete zu verstärken, vertraut den vorgebrachten Verdiensten mehr als dem gekreuzigten Mitleid. Doch zum Glück ist Gott nicht die höchste Gerechtigkeit, sondern das höchste Erbarmen.

Die Gerechtigkeit besteht auch nicht in der Beachtung ethischer Normen. Die moralischen Prinzipien geben den vorhandenen Regeln keine juristische Gültigkeit, noch entziehen sie sie ihnen. Sie sind nur juristisch neutrale Gründe, um eine Veränderung der Regeln zu reklamieren oder aber neue Regeln vorzuschlagen; doch solange sich die Willensübereinstimmungen nicht einstellen, besteht die Gerechtigkeit nicht darin, sich diesen Prinzipien zu unterwerfen, sondern in der Beachtung gültiger Regeln und legitimer Rechte.

Die Interessen, die die *Gerechtigkeit ihrer Sache* verkünden, sind entweder verletzte legitime Rechte oder wirtschaftliche Machinationen, vermummt durch die Einhüllung in eine Toga. Kein Vokabular ist besser geeignet, ideologischen Absichten dienstbar zu sein. Noch vor einer Vereinbarung die Gerechtigkeit einer Sache zu proklamieren, ist ein rhetorischer Trick jener, die für Dinge eintreten, die keinen Rechtstitel haben. Einen Anspruch gerecht zu nennen, der sich auf keine Vereinbarung stützt, ist eine einfache Schikane, um die gegnerische Partei zu verwirren und deren Widerstand zu schwachen. Es genügt nicht, das Programm einer Partei „Soziale Gerechtigkeit“ zu taufen, um *Rechte* zu legitimieren, die eine Masse einfordert, nur weil sie arm, grob und häßlich ist. Eine Sache ist nicht gerecht, weil sie uns so erscheint oder weil sie uns nützt und fördert, sondern weil eine Rechtsregel sie berechtigt und stützt.

Die Definition der Gerechtigkeit als Beachtung der Regel eliminiert schließlich jene Mißverständnisse, die die Begriffe von Freiheit und Gleichheit korrumpieren und verfälschen.

Die Gleichheit, deren Beachtung gerecht ist und welche die juristische Kategorie fordert, ist eine formale Gleichheit; das heißt: Gleichheit der als Rechtssubjekte sich juristisch gegenüberstehenden Individuen.

Jene Individuen, die einander nicht als gleiche Subjekte anerkennen, behandeln einander tatsächlich als schlichte logische Objekte einsamer und autonomer Akte. Doch die formale Gleichheit der Subjekte ist keine materielle Gleichheit der Individuen; die Subjekte sind gleichermaßen Subjekte, aber ihre Rechte sind nicht notwendigerweise gleich. Das Rechtliche impliziert verschiedene Subjekte, d.h. Individuen, die materiell verschieden und materiell ungleich sind. Die unbeschreibbare Individualität ist das Wesenhafte des Subjekts. Das was nicht verdrängt, nicht ersetzt, nicht wiederholt wird. Sich materiell gleiche Subjekte vorzustellen, würde inkongruenterweise bedeuten, daß sich ein identisches Individuum gleichzeitig an verschiedenen Raumpunkten wiederholt. Doch ein einzelnes Individuum kann mit sich selbst keine Vereinbarung treffen. Weil das Juristische also mindestens zwei Glieder erfordert, verlangt es die Gleichheit der Subjekte und die Ungleichheit der Individuen.

Die juristisch erforderliche Freiheit ist also folgerichtig eine ungleiche Freiheit. Die juristische Freiheit ist zweifellos das Vermögen, eine Vereinbarung abzuschließen oder abzulehnen, aber die Gültigkeit der Vereinbarung kann nicht von der materiellen Gleichheit der sich gegenüber stehenden Freiheiten abhängen. Eine solche Gleichheit der Freiheiten zu fordern, würde im Gegenteil die Möglichkeit der Vereinbarung annullieren.

Da in der Tat zwei gleiche Freiheiten nur die Attribute identischer Individuen sein könnten, hebt die Forderung nach gleichen Freiheiten, um der Vereinbarung Gültigkeit zu verleihen, die Vereinbarung *a priori* auf. Die Gründe für eine Vereinbarung sind notwendig ungleich, doch so wie die Motive für die Postulierung die logischen Schlußfolgerungen weder gültig noch ungültig werden lassen, so werden die juristischen Folgen einer Vereinbarung von deren Motiven weder gültig noch ungültig gemacht. Mag sein, daß ich hier aus Ignoranz forderte und ich dort aus Hunger einwilligte; aber hier hätte ich ja schweigen und dort sterben können.

Nicht nur die sich verpflichtenden Individuen sind auf ungleiche Weise frei, die vereinbarten Freiheiten sind ebenfalls ungleich. Der juristische Inhalt der Freiheit ist Sache der Vereinbarung und ergibt sich aus Handlungen, die im Dunkel der Geschichte verborgen liegen. Jede vereinbarte Freiheit ist unantastbar und heilig, da es aber nicht möglich ist, ihren Inhalt allein aus der juristischen Kategorie abzuleiten, so wird sie durch die Vereinbarung des Wollens souverän bestimmt. Die legitimen Freiheiten zeigen im Laufe der Jahrhunderte verschiedene Gefüge und Farben; es wäre also kindisch, vergangene Freiheiten, die unseren wechselnden Definitionen nicht entsprechen, unvollkommen zu heißen, oder die unmöglichen Freiheiten, die unserer Eitelkeit oder unserer Empörung schmeicheln, notwendig zu nennen.

Der Mensch kann auf legale Weise den Umfang und die Intensität der Freiheiten regeln, die er annimmt, und kann anschließend verschiedene Formen von Dienstbarkeit vereinbaren, sofern er nicht einwilligt, sich der unbedingten Willkür eines anderen Menschen zu unterwerfen. Der Kolonist des Alten Reiches oder der mittelalterliche Leibeigene befanden sich in rechtlichen Situationen, die juristisch gültig waren, aber die Sklaverei ist absolut illegal, selbst wenn sie vereinbart worden ist und

Jahrtausende währt, weil sie die Regel verletzt, die es verbietet, gegen die Vereinbarung zu vereinbaren.

Gleichheit ist also weder Bedingung noch Synonym der Gerechtigkeit, sondern der immer verschiedene und unvermeidlich illusorische Inhalt einer Vereinbarung. Eine radikale Unvergleichbarkeit verfälscht sogar die Gleichheiten, die noch am wenigsten zweideutig und illusionär sind. Die Gleichheit der Subjekte und die Gleichheit der Seelen räumen die grausame Substanz unserer Unterschiede nicht aus. Jede Ungleichheit ungerecht zu heißen, ist die beste Entschuldigung, um unseren Neid ohne Buße freizusprechen.

Gerechtigkeit ist also die schlichte Beachtung der Regel, nicht der mystische Zweck des Rechtswesens. Zweck des Rechts ist das Recht selbst. Gerecht ist der Akt, der gemäß der Regel geschieht.

Staat ist die Rechtsregel, die die Befolgung sichert.

Juristisch gesprochen ist der Staat jene Regel, die juristische Mechanismen einrichtet, um mittels Gewalt die Befolgung der Regeln zu garantieren. Der Staat erhält soziologische Gestalt und politische Wirklichkeit als ein vom Recht geschmiedetes Werkzeug, um seine eigene Durchsetzung zu sichern. Der Staat ist grundsätzlich Gericht und Richter.

Der Staat ist ein wesentlich juristisches Wesen, unter welchen biologischen Routinen oder historischen Gewalten er auch immer entsteht. Wenn das Herdenverhalten nachläßt, sind die menschlichen Verhaltensweisen von Gewalt bestimmt, aber sogar in der Horde oder im Stamm setzt sich die nackte Kraft eines Kriegers oder Anführers nur vorübergehend durch, wenn jene, die seine rohe Anmaßung dulden, ihm nicht das Recht zuerkennen, diese Gewalt auszuüben. Sogar unter Banditen braucht der Anführer die Einwilligung seiner Komplizen. Jede Despotie stützt sich auf die Anhängerschaft ihrer Parteigänger. Das Juristische ist das Rückgrat der

Macht. Im primitivsten Akt der Herrschaft gärt das Juristische wie der genetische Code in der Embryogenese.

Die Befehlsgewalt ist selbstverständlich die erstrangige Aufgabe des Staates, doch die Macht erfüllt und festigt sich nur, wenn sie sich als Beschützer des Rechts vor dem fremden Feind oder als Hüter gegen den inneren Rechtsbrecher erklärt. Sowohl in seinen anfänglichen Gestaltungen wie in seinen reifen Ausformungen verwirklicht der Staat seine angeborene Kraft nur, wenn er als Exekutor des rechtlichen Wollens einer Gesellschaft handelt. Die Möglichkeit, den Staat als Herrschaftsinstrument eines Individuums, einer Sekte oder einer Klasse auszunutzen, stützt sich auf seine eigene juristische Natur. Das Verfälschte nährt sich vom Echten. Die legale Macht ist ein betrügerisches Abbild der legitimen Macht.

Der Staat ist keine reine und nackte Macht, sondern eine Kraft, die die Autorität des Rechtlichen verwirklicht.

Von den drei Gewalten, welche die klassische Verfassungslehre dem Staat zuschrieb, ist die erste untergeordnet, die zweite inexistent, nur die dritte konstitutiv.

Als Instrument des Rechts unterwirft sich die exekutive Gewalt der Rechtsprechung, deren Beschlüsse sie umsetzt; die sogenannte gesetzgebende Gewalt entbehrt der juristischen Kompetenz. Jeder Gesetzgeber usurpiert sein Handwerk.

Juristisch gesehen bezieht der Staat das Recht aus seinen legitimen Quellen und bearbeitet die gültige Materie der Regeln lediglich technisch. Das gesetzgeberische Vermögen des Staates ist lediglich ein Vermögen der Jurisprudenz. Die Gesetze sind Vorschriften, die der Staat sanktioniert und verlautbart, um die Regeln, von denen sie ihre juristische Autorität ableiten, methodisch zu ordnen. Der Staat erhebt zum Gesetz und setzt es durch; aber die Autorität des Gesetzes beruht nicht auf der Autorität des Staates. Die Autorität des Gesetzes entstammt der bestimmenden Rechtsregel, und die Autorität des Staates entstammt der Rechtsregel, die ihn statuiert.

Der Staat ist weder militärischer Apparat noch Verwaltungsmaschine, sondern oberstes Gericht. Die Macht schützt seine Handlungen, und die öffentliche Verwaltung setzt seine Entscheidungen durch; aber der Staat ist Gericht, nicht Gesetzgeber; der Staat ist nicht souverän. Auch wer ihn lenkt, ist nicht souverän, auch nicht das Parlament, das ihn ermahnt, verwarnt, korrigiert, noch die Mehrheitspartei, die die physische Macht und die legale Herrschaft handhabt, noch der mystische Wille des Volkes, noch die *menschliche Vernunft* oder das *menschliche Gewissen*. Nur die Rechtsregel ist souverän, d.h. die durch juristisch freie Willenskundgebungen verschiedener Individuen geschlossene Vereinbarung.

Das Symbol der höchsten Macht ist die legendäre Eiche, sein Wappen ist nicht das Zepter, sondern das Schwert der Gerechtigkeit.

Die Legitimität des Staates hängt nicht von ethischen, sozialen oder politischen Forderungen ab. Neben der juristischen Theorie präjudiziert keine andere Theorie seine Form. Jeder Staat, der sich aus der Vereinbarung der von ihm regierten Menschen ergibt und der das von diesen Menschen anerkannte Recht verwaltet, ist rechtsgültig. Die Geschichte ist das polychrome Chorgesangbuch seiner melodischen Variationen.

Der Knüppel eines Hordenführers aus dem Magdalénien ist nicht weniger legitim als die persische Tiara, die Fasces der Konsuln, der Pferdeschwanz der mongolischen Khane oder der goldene Reichsapfel der Karolinger.

Vermöge der Regel, die es verbietet, eine Vereinbarung gegen die Vereinbarung zu treffen, und die den Aufbau des öffentlichen Rechts lenkt, ist nur eine Variante des Staates absolut unstatthaft: jene, die in der unbegrenzten Unterwerfung unter die bedingungslose Willkür eines souveränen Willens besteht, sei er individuell oder kollektiv.

Der absolutistische Staat, in dem das auf Betrug basierend Mandat die Rechtsregel ersetzt, ist juristisch illegal, gleichgültig welcher Umhang ihn verhüllt oder welche Larve ihn verdeckt.

Je nach den Umständen gibt der absolutistische Staat drei unterschiedliche Titel vor.

Manchmal spricht der Absolutismus davon, historische Notwendigkeit zu sein und lehrt, daß nur der Staat legitim sei, der durch wirtschaftliche Zwänge dialektisch auferlegt wird. Seine juristische Ideologie ist schneidend und kurz. Ein dialektischer Determinismus schafft sukzessive Rechte, höhlt sie aus und stellt sie auf höherem Niveau wieder her. Recht ist die Macht, die gerade siegreich auf die Geschichte einwirkt. Die subjektiven Rechte sind vorübergehende Gestaltungen der Macht, und die juristische Gültigkeit ist das augenblickliche Produkt der dialektischen Notwendigkeit. Das Juristische ist der Akt des herrschenden Willens.

Als einzige Vertrauensleute der Geschichte entschlüsseln die Exegeten des Systems ihren Kurs mit so viel Sicherheit, daß sie nur jene Notwendigkeit als legitim beurteilen, die sie Vorhersagen, genehmigen und benutzen. Nur die von ihnen ausgeübte Gewalt ist eine Hebamme der Geschichte; obsiegt eine andere Gewalt, so beklagt niemand besser die verletzten *Rechte* und das verhöhnte *Gewissen*. Es genügt, daß die Geschichte gegen ihre Prophezeiungen rebelliert, daß sich der dialektische Absolutismus angesichts der ungehorsamen Geschichte auf die juristische Unterscheidung zwischen der Geltung des Faktums und der Gültigkeit des Rechts beruft. Die Macht ist diejenige Begründung, die die Theorie ausdrücklich akzeptiert, aber was sie stillschweigend voraussetzt ist nichts anderes als die theologische Satzung eines Gottes, der in der Geschichte keimt. Der dialektische Absolutismus ist das jüngste Abenteuer der alten Theodizee. Heimtückische titanische Hände entführen das blitzende Zepter des schläfrigen Jupiter. Juristisch ist die Doktrin inkohärent und nichtig.

Ein andermal zieht es der Absolutismus vor, unter Doktrinen Schutz zu suchen, die eindringlich behaupten, Zweck des Staates sei die *öffentliche Prosperität*, das *Menschenglück*, die *soziale Gerechtigkeit*, *der Fortschritt* oder das *Gemeinwohl*.

Dem Staat einen anderen Zweck zuzuordnen als die Durchsetzung des Rechts, heißt ihn zum Handlanger der Willkür der Befehlenden zu machen. Wenn der Staat nicht ein schlichtes Werkzeug des Rechts ist, so gibt es keine unverschämte Absicht, die er nicht unterstützte, kein unseliges Unternehmen, das er nicht eines Tages mittrüge. Jeder andere Zweck, der ihm zugesprochen würde, wird das Schicksal erleiden, das der Deuter ihn so auslegt wie es ihm beliebt.

Selbst bei ehrlichem Vorgehen kann niemand vermeiden, daß seine Definition der Zwecke eine ihm eigene sei. Niemand entkommt also der Notwendigkeit, die Subjekte, die er als autonome Individuen einer rechtlichen Beziehung zu sehen glaubt, als reine Objekte zu behandeln, deren Verhalten er regelt und deren Ziele er bestimmt.

Solche Doktrinen sind daher mehr naiv als einfallsreich, denn sie gestatten es lächerlicherweise, daß jeder nach Gutdünken *öffentliche Prosperität* nennt, was ihn freut, *Menschenglück,* was ihn vergnügt, *soziale Gerechtigkeit,* was ihn berührt, *Fortschritt,* was seinen Vorurteilen schmeichelt, *Gemeinwohl,* was er persönlich wünscht. Die Definitionen größter *Objektivität* sind naiver Ausdruck unserer Überzeugungen.

Doch diese Doktrinen sind für gewöhnlich nicht gar so unschuldig. Die Geschichte kennt keinen Despoten, der nicht versucht hätte, sein Joch zu begründen, indem er auf diese kupplerischen Definitionen zurückgriff.

Hier wird die öffentliche Prosperität durch Delikte gefördert, da feiern die Verbrechen das *Menschenglück*, dort vollenden die Mißbräuche die *soziale Gerechtigkeit*, und immer fördert das Unrecht den *Fortschritt*. Der Ehrgeiz, der Neid, die Habgier sättigen sich im Namen des *Gemeinwohls* hinter einer Fratze von Großzügigkeit und Menschenliebe.

Der Begriff des *Gemeinwohls* – sittsam in Mönchskutten gekleidete Bosheit – wäre nur gültig, wenn er lediglich das Recht bezeichnete. Denn Gemeinwohl ist in der Tat nur, was man solidarisch annimmt. Das heißt: das Recht.

Der Absolutismus beschränkt sich schließlich nicht darauf, so windige Ausflüchte zu erfinden. Der absolutistische Staat erklärt sich zum Ausdruck des Volkswillens und legitimiert seine Regierung und seine Herkunft, indem er sich auf den Willen des Volkes beruft. Die demokratische These ist seine subtilste Erfindung.

Ob sie einen ursprünglichen oder schlicht metaphorischen Vertrag annimmt, die Demokratie behauptet richtig, daß der legitime Staat nur aus der Übereinstimmung der Willen erwachsen kann. Ihre hervorragendsten Gelehrten behaupten, daß der Gesellschaftsvertrag definitionsgemäß einstimmig sei.

Aber die demokratische These besteht nicht aus diesen zutreffenden Behauptungen, sondern aus der listigen These eines unmittelbar folgenden Vertrages. Die demokratische Theorie besteht in der Behauptung, daß die vertragschließenden Parteien im ersten juristischen Vertrag einstimmig die Übertragung der rechtlichen Souveränität auf die künftigen Wählermehrheiten vereinbart hätten. Es wird also vereinbart, daß nach dem ursprünglichen Vertrag der Wille der einfachen Mehrheit dem einstimmigen Willen des Volkes gleichkomme.

Darin findet sich die Substanz der demokratischen Theorie und der Nerv ihrer juristischen Argumentation: der Rest ist Füllmaterial.

Nachdem der juristische Name des Volkes auf die einfache herrschende Mehrheit übertragen wurde, ersetzt freilich die Mehrheitsentscheidung das Einvernehmen des Wollens und eignet sich offenkundig die juristischen Folgen an. Dort wo die demokratische These herrscht, gilt: was dem Volk gefällt, *habet vigorem legis*, und zwar notwendigerweise.

Die demokratische These besteht in der Behauptung, die Annahme sei logisch gültig und juristisch zulässig, daß zwei Rechtssubjekte vereinbaren könnten, eines von ihnen sei frei, nach seinem Gutdünken die Vereinbarung zu ändern oder aufzuheben, oder nach seinem Gutdünken mit sich selbst die Inhalte einer neuen Vereinbarung abzumachen. Die demokratische These verletzt also das Prinzip der Einstimmigkeit.

Die demokratische These ist juristisch nichtig, weil sie nichts als die methodische Verletzung der einzigen verpflichtenden Regel jeder Vereinbarung ist: nämlich das Verbot, gegen die Vereinbarung selbst eine Vereinbarung zu treffen.

Die demokratische These, schlüpfrig und gewunden, erhebt das schiefe Haupt höchster Überheblichkeit. Die These windet sich mit unvergleichlicher Geschmeidigkeit und hinterläßt die klebrige Spur ihres Geifers in der Geschichte.

Es genügt, heimlich eine *lex regia de imperio ferendo* zu schmieden, um eine kaiserliche Bestie auf dem Palatin einzusetzen. Es reicht der Prototyp einer *lex Hortensia,* um die Herrschaft eines Straßentumults oder der Gier einer wilden Sekte oder des vertikalen Niederganges eines unerbittlichen Fallbeiles oder einer von Verbrennungsöfen beleuchteten Unternehmung oder des Knalls eines Genickschusses in der Stille der Steppe, auf schändliche Weise zu legitimieren. Die gesamte politische Fauna plebejischer Vorherrschaft.

Die Demokratie schafft es nicht, ihr eigenes Wesen hinter ihrer lächerlichen juristischen Ideologie zu verbergen. Vorübergehend ist die Demokratie das schwere Gewicht der Plebs; auf Dauer die Ausbeutung eines Volkes im Namen einer unterdrückten Plebs.

III

Es genügt nicht, die juristische Kategorie zu identifizieren. Zwischen Kategorie und historischer Realität stellt sich eine unverzichtbare Instanz. Indem es als Schema der zeitlichen Verwirklichung des Juristischen dient, wirkt das Gewohnheitsrecht als unausweichlicher Vermittler zwischen dem reinen und dem positiven Recht.

Die Rechtsregel, die sich aus einer ausdrücklichen Vereinbarung ergibt, geschlossen zwischen Individuen, die sich klar und sicher hinsichtlich ihres Vorhabens, der rechtlichen Bedeutung des juristischen Aktes und der sich ableitenden Folgen sind, stellt eine rein theoretische Konstruktion dar. Die Vereinbarung ist die Definition des Rechts, aber das Schema ihrer zeitlichen Einsetzung ist das historische Einvernehmen. Der Mensch vereinbart die Rechtsregel nicht, sondern willigt in die Regel ein. Das Einvernehmen ist die Form, die die reine Forderung der Vereinbarung in der konkreten Unreinheit des Historischen annimmt.

Das legitime positive Recht ist nicht die unmögliche Ausgeburt einer expliziten und feierlichen Vereinbarung, sondern die historische Anhäufung von Regeln, die ein implizites und alltägliches Einvernehmen legitimiert. Die Menschen versammeln sich nicht in einem abstrakten und mythischen Forum, um ihre Rechte zu vereinbaren. Im langen Verlauf der Geschichte befindet sich der Mensch innerhalb der Rechtsordnung, die ihn regiert, ebenso wie innerhalb der Sprache, die er spricht.

Das Recht hat ebensowenig wie die Sprache einen historischen Ursprung. Niemand hat sein Recht oder seine Sprache erfunden. Sogar in der Horde des Paläolithikums wird das Individuum zwischen Regeln der Syntax und Regeln des Rechts geboren. Das erste Wimmern des Menschen hallt in juristischen Strukturen wider.

Niemand lebt im Zustande linguistischer Jungfräulichkeit oder juristischer Unschuld. Recht wie Sprache sind ohne Zweifel Menschenwerk, doch kein intentionales Werk des Menschen. Die Sprache wird vom Menschen gefunden, aber kein Mensch hat sie erfunden. Niemand plant vorsätzlich seine bleibenden Einfälle. Der Scharfsinn wird ohne Überlegung zur Vokabel. Die Wörter fallen, doch nur von unsichtbaren Händen werden sie gesammelt.

Das Recht ergibt sich aus Vereinbarungen in der Zeit, aber die einwilligenden Individuen haben ihre Übereinstimmung nicht vereinbart. Das Recht war nie, was in der Gegenwart getan wird, sondern was in der Vergangenheit getan wurde. Gültigkeit und Geltung der Regel hingen von der Unkenntnis ihres Ursprungs ab. Die zum ersten Male angewandte Norm gilt, weil sie bereits existent gewesen zu sein scheint. Der Mensch glaubt nur an unsterbliche Götter.

Recht und Sprache sind keine rohen Anhäufungen von Wörtern oder Normen. Als spezifische geistige Wirklichkeiten entfalten und entwickeln sich beide innerhalb ihres eigenen intelligiblen Raumes und in der Zeit – wie alles, was im Geiste seinen Sitz, wenn auch nicht seinen Ursprung hat.

Die Worte reinster Poesie oder klarster Prosa sind Spuren schäbiger, mühevoller oder blutiger Abenteuer; die vornehmsten Rechte sind Spuren alltäglicher Pflichten im Ackerbau oder im Kampfe. So wie etymologische Glossare die niedere Abkunft der luftigsten und feinsten Vokabeln offenbaren, so entdeckt die juristische Forschung die Quelle ehrwürdiger Institutionen im modernden Moos und zwischen fauligen Flechten.

Selten gibt es ein Volk, in dessen Sprache nicht die Schichten einander folgender Eroberungen vorhanden wären. Die Sprache – wie das Recht – ist der Stempel der

Geschichte auf dem Fleisch des Menschen. Alles im Mensehen ist Unreinheit. Seine Seele ist schamlose Fermentierung von Abfällen. Die Völker prallen in unheimlichen Staubwolken aufeinander. Die Geschichte ist ein blutiges Hochzeitsgedicht.

Das Recht ist die Vergebung, die die vergangenen Verbrechen bedeckt, wenn das Einvernehmen sein sühnendes Trankopfer über den entweihten Altären vergießt. Doch die Larve des Delikts wird nur in der günstigen Jahreszeit zum schillernden Schmetterling.

Das Recht ist kein in der Vergessenheit vergrabenes Verbrechen, sondern die rote Blüte, in der die Zeit die Verrottung der Körner entsühnt. Die alten Bräuche sind Recht, weil die Jahre die menschlichen Institutionen mit der gleichen edlen Duftnote salben wie die jahrhundertealte Weinlese die Dauben der Fässer.

Der schwerwiegendste Anschlag auf den Menschen ist die Verletzung der alten Eiche, in der der Saft von tausend bitteren Frühlingen gerann. Die rechtliche Kontinuität eines Volkes zu brechen, heißt die Geschichte auf einen blutigen Neuanfang zurückwerfen, heißt dasselbe bittere Unternehmen aufs neue zu beginnen.

Das Recht reift unter der täglichen Sonne in der Sitte und den Gepflogenheiten. Der legitime Staat ist das erhabene Laubwerk herbstlicher Feiern. Die Gerechtigkeit trägt Frucht in der Zeit.

Die Geschichte gewinnt aus düsteren Steinbrüchen die Statuen, die sie auf erhabenen Akropolen errichtet.

DER AUTHENTISCHE REAKTIONÄR

DIE EXISTENZ DES ECHTEN REAKTIONÄRS IST dem Fortschrittler für gewöhnlich ein Skandal. Seine Gegenwart verursacht ihm ein vages Unbehagen. Angesichts der reaktionären Haltung empfindet der Fortschrittler eine leichte Verachtung – begleitet von Unruhe und Überraschung.

Um seinen Argwohn zu mildern, pflegt der Fortschrittler diese unzeitgemäße und schockierende Haltung als Tarnung von Interessen oder als Symptom der Einfalt zu deuten; aber nur der Journalist, der Politiker und der Dummkopf ängstigen sich nicht heimlich vor der Zähigkeit, mit der die intelligentesten Köpfe des Abendlandes seit hundertfünfzig Jahren Einwände gegen die moderne Welt anhäufen. Zuvorkommende Herablassung scheint in der Tat nicht die passende Antwort auf eine Haltung zu sein, in der ein Goethe und ein Dostojewski verbrüdert werden können.

Aber wenn alle Thesen des Reaktionärs den Fortschrittler überraschen, so genügt die reaktionäre Haltung an sich, um ihn aus der Fassung zu bringen. Daß der Reaktionär gegen die fortschrittliche Gesellschaft protestiert, sie richtet und verurteilt, aber sich dennoch mit ihrem jetzigen Monopol auf die Geschichte abfindet, erscheint ihm überspannt.

Der radikale Fortschrittler einerseits versteht nicht, warum der Reaktionär eine Tatsache verurteilt, die er anerkennt; andererseits versteht der liberale Fortschrittler nicht, daß er eine Tatsache anerkennt, die er verurteilt. Ersterer verlangt vom Reaktionär, er solle auf die Verurteilung verzichten, wenn er schon anerkennt, daß die Tatsache notwendig sei; der letztere, er möge sich nicht auf die Enthaltung beschränken, wenn er schon zugibt, das Faktum sei verwerflich. Jener drängt ihn, sich zu ergeben, dieser zu handeln. Beide verurteilen seine passive Treue zur Niederlage.

Der radikale und der liberale Fortschrittler machen dem Reaktionär auf verschiedene Weise Vorhaltungen, denn der eine meint, das Notwendige bedeute Vernunft, während der andere behauptet, Vernunft sei Freiheit. Eine unterschiedliche Sicht der Geschichte bedingt ihre jeweilige Kritik.

Für den radikalen Fortschrittler sind Notwendigkeit und Vernunft Synonyme: Vernunft ist die Substanz der Notwendigkeit und die Notwendigkeit der Prozeß, in dem sich die Vernunft verwirklicht. Beide sind ein einziger Sturzbach von Existenzen.

Die Geschichte ist für den radikalen Fortschrittler nicht die bloße Summe des Geschehenen, sondern ein Ausfluß der Vernunft. Auch wenn sie zeigt, daß der Konflikt der tragende Mechanismus der Geschichte ist, ergibt sich jede Überwindung doch aus einer notwendigen Handlung, und die unstete Folge der Handlungen ist der Pfad, den die Schritte der unbeugsamen Vernunft bei ihrem Voranschreiten auf dem besiegten Fleisch zeichnen.

Der radikale Fortschrittler schließt sich der Idee, die die Geschichte verbürgt, nur deshalb an, weil das Profil der Notwendigkeit die Züge der entstehenden Vernunft enthüllt. Aus dem Weg der Geschichte selbst entsteht die ideale Norm, die ihren Nimbus formt.

Da er von der Vernünftigkeit der Geschichte überzeugt ist, widmet sich der Fortschrittler der Pflicht, zu ihrem Erfolg beizutragen. Die Wurzel der ethischen Verpflichtung liegt für ihn in unserer Möglichkeit, die Geschichte zu ihren eigenen Zielen hin zu bewegen. Der radikale Fortschrittler neigt sich dem bevorstehenden Ereignis zu, um dessen Ankunft zu begünstigen, denn im Handeln im Sinne der Geschichte stimmen die individuelle Vernunft und die Vernunft der Welt überein.

Die Geschichte zu verurteilen bedeutet für den radikalen Fortschrittler nicht nur ein unnützes Bemühen, sondern auch ein törichtes Unternehmen. Unnütz, weil die Geschichte Notwendigkeit ist; töricht, weil die Geschichte Vernunft ist.

Der liberale Fortschrittler hingegen richtet sich in einer reinen Eventualität ein. Die Freiheit ist für ihn die Substanz der Vernunft und die Geschichte ist der Prozeß, in dem der Mensch seine Freiheit verwirklicht.

Die Geschichte des liberalen Fortschrittlers ist kein notwendiger Prozeß, sondern die Erhebung der menschlichen Freiheit zum vollen Besitz ihrer selbst. Der Mensch schmiedet seine Geschichte, indem er der Natur die Urteile seines freien Willens aufzwingt.

Wenn Haß und Habgier den Menschen durch blutige Labyrinthe treiben, so findet der Kampf zwischen pervertierten und rechten Freiheiten statt. Die Notwendigkeit ist lediglich das finstere Gewicht unserer eigenen Trägheit; der liberale Fortschrittler meint, der gute Wille könne zu jeder Zeit den Menschen aus der Knechtschaft befreien, die ihn bedrückt.

Der liberale Fortschrittler verlangt, die Geschichte möge sich in Übereinstimmung mit dem verhalten, was seine Vernunft postuliert, da sie von der Freiheit geschaffen wird; und da seine Freiheit auch die Sachen hervorbringt, die er verteidigt, so könne keine Tatsache gegen das Recht stehen, das von der Freiheit begründet wird.

Die revolutionäre Tat verdichtet die ethische Pflicht des liberalen Fortschrittlers, denn Hindernisse zu beseitigen ist die wesentliche Tat der sich verwirklichenden Freiheit. Die Geschichte ist ein lebloser Stoff, den ein souveräner Wille bearbeitet.

Sich mit der Geschichte abzufinden, ist also für den liberalen Fortschrittler eine unmoralische und törichte Haltung. Töricht, weil die Geschichte Freiheit bedeutet; unmoralisch, weil die Freiheit unser Wesen ist.

Der Reaktionär ist hingegen jener Narr, der die Eitelkeit besitzt, die Geschichte zu verurteilen, und die Unmoral, sich mit ihr abzufinden.

Der radikale und der liberale Progressismus erarbeiten Teilvisionen. Die Geschichte ist weder Notwendigkeit noch Freiheit, sondern deren flexible Verschmelzung.

Die Geschichte ist in der Tat kein göttliches Monstrum. Die menschliche Staubwolke scheint sich nicht zu erheben wie unter dem Hauch eines heiligen Ungeheuers; die Epochen scheinen sich nicht einzuordnen wie Stadien der Embryogenese eines metaphysischen Wesens; die Taten greifen nicht ineinander wie die Schuppen eines himmlischen Fisches.

Wenn aber die Geschichte kein abstraktes System ist, das unter unerbittlichen Gesetzen wächst, so ist sie auch nicht die fügsame Nahrung des menschlichen Wahns. Das launenhafte und willkürliche Wollen des Menschen ist nicht ihr höchster Herr. Das Geschehen paßt sich nicht an wie ein zäher und formbarer Teig zwischen emsigen Fingern.

Die Geschichte ergibt sich in der Tat weder aus einer unpersönlichen Notwendigkeit, noch aus der menschlichen Laune, sondern aus einer Dialektik des Willens, in der sich die freie Entscheidung in notwendigen Konsequenzen entwickelt.

Die Geschichte entwickelt sich nicht wie ein einziger autonomer und dialektischer Prozeß, der als vitale Dialektik die Dialektik der unbelebten Natur verlängerte, sondern in einem Pluralismus dialektischer Prozesse, zahlreich wie die freien Handlungen und an die Verschiedenheit ihrer fleischlichen Grundlagen gebunden.

Wenn die Freiheit der schöpferische Akt der Geschichte ist, wenn jede freie Tat eine neue Geschichte zeugt, so beeinflußt die schöpferische freie Tat als unwiderruflicher Prozeß die Welt. Die Freiheit sondert Geschichte ab wie eine metaphysische Spinne die Geometrie ihres Netzes.

Die Freiheit entfremdet sich tatsächlich in derselben Gebärde, mit der sie genommen wird, denn der freie Akt besitzt eine kohärente Struktur, eine innere Gestaltung, eine normale Vermehrung von Folgen. Die Tat entfaltet sich, dehnt sich aus, weitet sich in notwendigen Konsequenzen in Übereinstimmung mit ihrem intimen Charakter und ihrer verständlichen Natur. Jede Tat unterwirft ein Stück der Welt einer spezifischen Konfiguration.

Die Geschichte ist also eine Verbindung von in dialektischen Prozessen gehärteten Freiheiten. Je tiefer die Ebene ist, aus der die freie Tat wächst, um so vielfältiger sind die Bereiche der Aktivität, die der Prozeß bestimmt, und um so länger ihre Dauer. Die oberflächliche und periphere Handlung erschöpft sich in biographischen Episoden, während der zentrale und tiefe Akt für eine ganze Gesellschaft eine Epoche schaffen kann.

Die Geschichte gliedert sich also in Augenblicke und Epochen: in freie Handlungen und in dialektische Prozesse. Die Augenblicke sind ihre flüchtige Seele, die Epochen ihr berührbarer Körper. Die Epochen erstrekken sich wie Segmente zwischen zwei Augenblicken: dem Augenblick des Keimens und dem Augenblick, da der anfängliche Akt eines neuen Lebens sie abschließt. Um Scharniere der Freiheit drehen sich bronzene Türen.

Die Epochen haben keine unwiderrufliche Dauer: Die Begegnung mit Prozessen, die aus größerer Tiefe aufsteigen, kann sie unterbrechen, die Trägheit des Willens sie verlängern. Die Umkehrung ist möglich, die Passivität üblich. Die Geschichte ist eine Notwendigkeit, die von der Freiheit erzeugt und vom Zufall zerstört wird.

Die kollektiven Epochen sind das Ergebnis einer aktiven Gemeinsamkeit bei einer identischen Entscheidung oder einer passiven Ansteckung träger Willen; doch solange der dialektische Prozeß andauert, in den die Freiheiten eingetreten sind, windet sich der Wille des Nonkonformisten in wirkungsloser Empörung. Die gesellschaftliche Freiheit ist keine permanente Option, sondern eine plötzliche Weichheit in der Konjunktion der Dinge.

Die Ausübung der Freiheit setzt eine Intelligenz voraus, die der Geschichte gegenüber empfänglich ist, denn angesichts der entfremdeten Freiheit einer ganzen Gesellschaft, kann der Mensch nur auf den Lärm einer zusammenbrechenden Notwendigkeit lauern. Jedes Vorhaben versagt, wenn es nicht in die entscheidenden Fugen eines Lebens eingefügt wird.

Der Geschichte gegenüber ergibt sich die ethische Verpflichtung zu handeln nur dann, wenn das Gewissen die im Augenblick herrschende Zielsetzung gutheißt, oder aber wenn die Umstände einen für unsere Freiheit günstigen Höhepunkt erreichen.

Der Mensch, den das Schicksal in eine Epoche stellt, die kein voraussehbares Ende hat und deren Beschaffenheit die tiefsten Nerven seines Wesens verletzt, darf nicht überstürzt seinen Ekel den eigenen Impulsen und seine Intelligenz der eigenen Eitelkeit opfern. Die spektakuläre und leere Geste verdient den öffentlichen Beifall und die Verachtung derer, nach denen die Meditation ruft. In den düsteren Gegenden der Geschichte muß sich der Mensch damit bescheiden, geduldig den menschlichen Hochmut zu untergraben.

Der Mensch kann also die Notwendigkeit verurteilen, ohne sich selbst zu widersprechen, auch wenn er nur handeln kann, wenn die Notwendigkeit einstürzt.

Wenn der Reaktionär die gegenwärtige Fruchtlosigkeit seiner Prinzipien einsieht, und die Nutzlosigkeit seiner Schelte, dann nicht, weil ihm das Schauspiel der menschlichen Wirrnisse genügt. Der Reaktionär enthält sich nicht des Handelns, weil ihm die Gefahr Schrecken einflößt, sondern weil er annimmt, daß die gesellschaftlichen Kräfte zur Zeit einem Ziel entgegenstürzen, das er ablehnt. Im jetzigen Prozeß haben die gesellschaftlichen Kräfte ihr Flußbett in den Felsen gegraben und nichts wird ihren Lauf ablenken, bis sie in das Flache einer ungewissen Ebene münden werden. Die Gebärden der Schiffbrüchigen bewirken nur, daß ihre Leiber parallel zu verschiedenen Ufern treiben.

Doch wenn der Reaktionär in unserer Zeit auch ohnmächtig ist, so zwingt ihn seine Natur, seinen Ekel zu bekunden. Freiheit heißt für den Reaktionär, Ergebenheit einem Gebot gegenüber.

Auch wenn sie keine Notwendigkeit und keine Laune ist, so ist die Geschichte für den Reaktionär doch nicht Dialektik des immanenten Willens, sondern zeitliches Abenteuer zwischen dem Menschen und dem, was ihn transzendiert. Seine Werke sind Spuren des Menschenkörpers und des Körpers des Engels auf dem umwälzten Sand. Die Geschichte des Reaktionärs ist ein Fetzen, den die Freiheit des Menschen zerriß und der nun im Hauch des Schicksals weht.

Der Reaktionär kann nicht schweigen, weil seine Freiheit nicht nur ein Asyl ist, wo der Mensch dem ihn betäubenden Gewühl entflieht und wo er Schutz sucht, um seiner selbst Herr zu sein. In der freien Handlung nimmt der Reaktionär nicht nur von seiner Essenz Besitz.

Die Freiheit ist nicht die abstrakte Möglichkeit, zwischen bekannten Gütern zu wählen, sondern die konkrete Bedingung, innerhalb derer uns der Besitz neuer Güter zugesprochen wird. Die Freiheit ist keine Instanz, die Streitfälle zwischen den Trieben entscheidet, sondern jener Gipfel, von dem aus der Mensch den Aufstieg neuer Sterne im leuchtenden Staub des gestirnten Himmels beobachtet.

Die Freiheit stellt den Menschen zwischen Verbote, die nicht physisch, und Gebote, die nicht lebenswichtig sind. Der freie Augenblick verdrängt die eitle Klarheit des Tages, damit sich das unbewegte Universum, das seine wandernden Lichter über unser bebendes Fleisch gleiten läßt, über den Horizont der Seele erhebe.

Während der Fortschrittler sich an die Zukunft wirft, und der Konservative an die Vergangenheit, mißt der Reaktionär sein Begehren nicht mit der Geschichte von gestern oder mit der Geschichte von morgen. Der Reaktionär bejubelt nicht, was die nächste Morgenröte bringen soll, noch hält er an den letzten Schatten der Nacht fest. Seine Wohnung befindet sich in jenem lichten Raum, wo ihn die Wesenheiten mit ihrer unsterblichen Gegenwart befragen.

Der Reaktionär entzieht sich dem Dienst der Geschichte, weil er im Menschenwald die Spur der göttlichen Schritte verfolgt. Menschen und Handlungen sind für den Reaktionär dienendes und sterbliches Fleisch, das von Winden jenseits der Berge belebt wird.

Reaktionär sein heißt, für Positionen einzutreten, die sich nicht auf der Bühne der Geschichte herumtreiben, Kämpfe auszufechten, die man getrost verlieren kann.

Reaktionär sein heißt: zu wissen, daß wir nur entdekken, was wir zu erfinden glauben; heißt einzuräumen, daß unsere Phantasie keine weichen Körper erschafft, sondern nur enthüllt.

Reaktionär sein bedeutet nicht, sich bestimmten Sachen zu widmen oder sich für bestimmte Ziele einzusetzen, sondern unseren Willen jener Notwendigkeit zu unterwerfen, die nicht beengt, unsere Freiheit jener Forderung auszuliefern, die nicht nötigt, heißt Evidentes zu finden, das uns träumend an das Ufer tausendjähriger Seen geleitet.

Der Reaktionär ist nicht der nostalgische Träumer abgeschaffter Vergangenheiten, sondern der Jäger heiliger Schatten auf den ewigen Hügeln.

SALOMON*

AN EINE STEINBRÜSTUNG GELEHNT, SCHEINT der schlaflose, einsame Monarch die Nichtigkeit des neuen Tages zu betrachten.

Ist nicht er, letzten Endes, der Vollzieher sinnloser Siege? Ist nicht er der Herr der Asche? Wiederholen die Weisen nicht die bitteren Erfahrungen ihres Alters? Wer hat den eitlen Prunk am härtesten verurteilt?

Der alte König sinnt auf der vorspringenden Terrasse:

„Oh, Eitelkeit, Stolz, himmlische List, in die ich die Fülle meines Wesens flüchte. Mein großzügiges Herz erfindet dich, um die Menschen vor der unduldsamen Vision des Glückes zu schützen."

„In dem demütigenden Schatten ihres Lebens können sie nur weilen, weil ich diese falsche, aber süße Wissenschaft gelehrt habe. Nicht imstande, sie mit dem Reichtum meines Lebens zu erfüllen, tröstet sie meine freigiebige Seele mit ihrer Beredsamkeit, die die Pracht der Welt widerlegt. Ach! Mein Schatten auf die Welt soll die weltliche Herrlichkeit verdecken, der ihre schutzlosen Herzen verletzt. Ah! Daß der Flug meines Glückes im letzten Lebensaugenblick den Todeskampf mit dem glücklichen Schwingen seiner Flügel beruhige."

Der Morgenwind verweht die nächtliche Dumpfheit und aus den nahen Tälern steigen langsam die morgendlichen Nebelschwaden. Hell färbt sich der Himmel und vertreibt das klare Feuer der Sterne.

Alles ruht noch in der nächtlichen Stille.

---

* Aus: *El Tiempo*, Bogotá, April 2013. Aus dem Spanischen von Gretl von Rennenkampf

Die Stadt drückt die Würfel ihrer Häuser gegen die Unregelmäßigkeit der Hügel und verlängert das Relief ihrer Schatten bis an das schroffe Senkrecht der Mauern.

An den unvollendeten Tempel angeschlossen, breitet der Palast den gedämpften Glanz seiner Gärten und die weißen Lichtungen seiner Höfe und schlafenden Gemächer aus. Die Wächter schlummern, auf ihre Lanzen gestützt.

Im Osten schleudern die Berge ihre Geierschwärme gen Himmel, die in langsamem Flug aufwärts kreisen und in der ruhigen, durchsichtigen Luft schweben, um sich auf den angehäuften Unrat auf Straßen und Plätzen zu stürzen.

Ein dicker Rauch steigt empor, der von nächtlichen Opfern kündet.

Alles ruht noch; aber wenn der Lärm und der Tumult erwachen, wird ein plötzliches Mitgefühl das Tun der Menschen erlahmen lassen, betrübt über den Anblick des unbeweglichen Alten, der im Glanz des Morgens auf seiner hohen, leuchtenden Terrasse weilt.

Till Kinzel

NICOLÁS GÓMEZ DÁVILA ALS GEGEN-AUFKLÄRER

Der 1994 verstorbene kolumbianische Denker Nicolás Gómez Dávila hat sich wie wohl kein zweiter darum bemüht, die „Reaktion“ zu denken. In seinem bemerkenswerten und unverwechselbaren Werk umkreist er deren vielfältige Aspekte, indem er einen „reaktionären Flickenteppich“ webt, der, wo immer man ihn anfaßt, dazu verführt, seinen intrikaten Webmustern nachzugehen. Der „Reaktionär“, seit den Zeiten der Französischen Revolution ein Kampfbegriff zur Stigmatisierung des Gegners, wird vom kolumbianischen Denker überraschenderweise mit einem positiven Gehalt versehen. Mit dem „Reaktionär“ – el reaccionario – schuf Gómez Dávila nichts geringeres als eine der großen mythischen Figuren der Weltliteratur, ähnlich den mythischen Schöpfungen seiner kolumbianischen Landsleute Gabriel García Márquez, dessen Aureliano Buendia im gleichfalls mythischen Macondo der „Hundert Jahre Einsamkeit“ ebenso eine Seinsweise des Menschen verkörpert wie der Seefahrer Maqroll – el Gaviero – in den Abenteuerromanen seines Freundes Álvaro Mutis' die Reise des Menschen zu sich selbst als Allegorie gestaltet.

Der Reaktionär – der echte Reaktionär – indes will keine Restauration der Vergangenheit, sondern den, wie er glaubt, unwahrscheinlichen künftigen Bruch mit der dumpfen Gegenwart. „Der Reaktionär“, so Botho Strauß, „ist eben nicht der Aufhalter oder unverbesserliche Rückschrittler, zu dem ihn die politische Denunziation macht – er schreitet im Gegenteil voran, wenn es darum geht, etwas Vergessenes wieder in die Erinnerung zu bringen.“ Indem der Reaktionär solches tut, vermag er es, das Dämmerlicht unserer undurchdachten Plausibilitäten aufzuklären, und zwar dadurch, daß wir dem reaktionären Denken in seine „wirkende Kraft" folgen. Der Kern des Denkens von Gómez Dávila aber, seine wirkende Kraft, ist eine politische Theologie, die er wohl am ausführlichsten in einem der Essays der „Textos" darlegt, eine politische Theologie, vor deren Hintergrund seine ätzende Kritik der Demokratie erst verständlich wird, die sich aber auch ähnlich wie bei de Maistre auf die Religion stützt, um den Despotismus des weltlichen Staates in die Schranken zu weisen. Alle politischen Irrtümer, darin geht Gómez Dávila mit Donoso Cortes einig, resultieren zuletzt aus theologischen Irrtümern. Deshalb deutet er in immer neuen Variationen auf die Insuffizienz der Vernunft gegenüber der Transzendenz und läßt den Glauben an Jesus Christus als letzten Bezugspunkt seines Denkens erkennen: „Es gibt keine Dummheit, an die der moderne Mensch nicht imstande wäre zu glauben, sofern er damit nur dem Glauben an Christus ausweicht". Der Kern, zu dem das reaktionäre Denken hinführt, ist das einzige, „worüber ernsthaft gesprochen werden muß", nämlich Gott.

Mit dem Verlust der Religion geht auch der Einbruch der Vulgarität in das Leben des modernen Menschen einher. Der Reaktionär betrauert den Verlust aristokratischer Umgangsformen, die dem Umgang der Menschen untereinander Form und Gestalt geben – ohne sich jedoch Illusionen über die in Aristokratien de facto herrschende Korruptheit hinzugeben. Es kommt ihm schlicht darauf an, der modernen Gesellschaft ein Gegenbild zu präsentieren, in dem es intakte Hierarchien der Wertschätzungen gibt. Gómez Dávilas literarischer Guerillakampf gegen die Moderne ist denn auch eine emphatische Verteidigung des Rechts auf Werturteile: Dekadenz soll Dekadenz, Vulgarität Vulgarität genannt werden können. Nur dadurch läßt sich der Zustand der nihilistischen Gleichgültigkeit überwinden, den Gómez Dávila ganz richtig charakterisiert, wenn er sagt: „Vulgäre Zerstreuung und vulgäre Beschäftigung sind heute die einzigen, für die man sich nicht zu entschuldigen braucht“.

Das reaktionäre Denken Gómez Dávilas präsentiert sich in Gestalt geschliffenster Sätze, die oft einen beißenden, trockenen Humor erkennen lassen. Gómez Dávila schreibt in seinem ungeheuren Werk Marginalien an den Rand der Welt, als Lektüre- und Interpretationshilfen für diejenigen, die immer wieder neu versuchen, sich einen Reim auf das zu machen, was sie umgibt. Die Glosse ist dabei die Prosaform der Wahl, denn immer verweist sie auf etwas, das über sie hinausgeht, und niemals kann der Anspruch erhoben werden, die Weltformel lasse sich durch sie ausdrücken. Die Glosse, in der Antike von Philologen zur peniblen Erklärung dunkler Stellen erfunden, wird von Gómez Dávila zur Kunstform eines Verführers und Versuchers zum Denken fortentwickelt. Nur durch wiederholte Lektüre erschließt sich dem Leser Schritt für Schritt ein netzartiger Sinnzusammenhang, der zuletzt sogar so etwas wie eine argumentative Struktur erkennen lassen mag. Denn Gómez Dávilas Bücher, von den frühen „Notas“ und „Textos“ bis zu den späteren Bänden mit Tausenden von Glossen, enthalten keine Vorworte, keine Inhaltsverzeichnisse, keine Register. Hinweise, wie sie zu lesen sind, finden sich nur verstreut; einzeln dastehende Glossen zeigen sich im weiteren Zusammenhang in einem anderen Licht als zu Beginn, rücken langsam und sachte an ihren Platz im Gefüge des reaktionären Weltbildes: „Meine kurzen Sätze sind die Farbtupfen einer ‘pointillistischen’ Komposition“, die erst im Geiste des Lesers zu einem Bild zusammengesetzt werden müssen. Diese Scholien bieten gerade keinen linear fortschreitenden Gang der Argumentation, sondern ein scheinbar unzusammenhängendes Sammelsurium auskristallisierter Anmerkungen; sie bieten Hilfsmittel beim Lesen der modernen Welt, zur Aufhellung von dunklen Stellen, die uns im strahlenden Licht des Fortschritts klar und distinkt erschienen waren. Im Gebrauch des kurzen und elliptischen Stiles, über den Gómez Dávila bereits in den „Notas“ reflektiert, scheint die Einsicht in das Fragmentarische der menschlichen Existenz wie der menschlichen Erkenntnis auf. So ist das literarische Fragment für den Reaktionär „Ausdruck rechtschaffenen Denkens“, das nicht dort eine Bruchlosigkeit suggeriert, wo sie nicht wirklich vorhanden ist. „Was in der Philosophie nicht Fragment ist“, so heißt es an anderer Stelle drastisch, „ist Betrug“. Gómez Dávila hat, wie ein Vergleich zahlreicher Stellen in den „Notas“ mit den späteren Glossen zeigt, eine schier unglaubliche Arbeit geleistet, indem er seine zunächst in Essays dargelegten Gedanken im schriftstellerischen Prozeß oft auf ein, zwei Sätze reduzierte und so lange verfeinerte und polierte, bis sie schließlich jene bewundernswerte Brillanz und kristallene Härte erreichten, die ihre Lektüre so anregend macht. Gómez Dávila vertritt eine Ethik der Literatur mit höchsten Ansprüchen: „Der Autor, der seine Sätze nicht quälte, quält den Leser“. Gómez Dávila ist ein Autor, der seine Phrasen zum Nutzen der Leser gequält hat und dadurch am besten auf anschauliche Weise seinen Satz illustriert: „Der Satz muß die Härte des Steins und das Zittern des Zweiges haben“.

Gómez Dávila zu lesen heißt, sich mit der modernen Kultur auseinanderzusetzen, die uns von allen Seiten umzingelt und der man kaum je entkommen kann: „Der kultivierte Mensch muß sich weniger gegen die Barbarei dieser Epoche verteidigen, als gegen ihre Kultur“. Nicht nur die äußere Häßlichkeit der modernen Großstädte treibt Gómez Dávila deshalb um, sondern auch das, was diese äußere Häßlichkeit erst ermöglicht: die häßlichen und verdorbenen Seelen der modernen Menschen, die so sehr von Schmutz starren, daß man sich nur mit Schaudern von ihrer Vulgarität abwenden kann. Die Sorge des Reaktionärs ist die Sorge um die Reinheit der

Seele und ihr Schutz vor der Verwahrlosung. Vulgarität, d.h. im Sinne der alten Griechen die Unerfahrenheit im Schönen, ist ihm geradezu das Erkennungszeichen der Moderne, die es zu überwinden gilt, doch ist die Vulgarität so verbreitet, daß Aufklärung darüber fast zwecklos erscheint: „Es hat keinen Sinn, dem Zeitgenossen die Vulgarität der heutigen Welt vor Augen zu führen: es ist gerade diese Vulgarität, die ihn verführt und begeistert". Sarkasmus scheint hier die einzig mögliche Reaktion: „Die Moderne hat dem Menschen das Recht erkämpft, sich in der Öffentlichkeit auszukotzen". Kann man aber die Moderne überwinden oder dies überhaupt nur wollen? Will der Reaktionär zurückgehen hinter den offenkundigen Fortschritt der letzten Jahrhunderte? Nietzsche hat zu bedenken gegeben, daß es niemandem freisteht, Krebs zu sein und man vielmehr immer weiter in der Dekadenz voranschreiten müsse. Gómez Dávila hat darauf nur eine reichlich paradoxe Antwort, die sich einer praktischen Verwertbarkeit zu entziehen scheint: es gehe nicht darum rückwärts zu gehen, sondern die Wegrichtung zu ändern. Der Reaktionär verhält sich zwar auf eine ihm eigene Weise zur Moderne, die das Recht der Kontemplation gegenüber der Aktion verteidigt: „Reaktionär ist ein jeder, der nicht dazu bereit wäre, für seinen Sieg jeden Preis zu zahlen". Reaktion ist ein theoretisches Verhältnis zur Welt. Dem Reaktionär kommt es auf das Wachhalten der Erinnerung an Dinge an, die der moderne Mensch nur zu leicht vergißt.

Gómez Dávila hat „kein lineares, sondern ein konzentrisches Buch geschrieben". Und so wie sich Gómez Dávilas Gedanken in konzentrischen Kreisen bewegen, muß auch der Leser sich eine Art konzentrisches Lesen angewöhnen, um die offenbaren verborgenen Schönheiten des reaktionären Denkens einfangen zu können. Gómez Dávila reflektiert immer aufs neue die Faszination, die Schwierigkeit und die Kunst des Lesens (wie auch des Schreibens). Seine verstreuten Äußerungen zu diesem Problemkreis liefern keine „hermeneutische Theorie", sondern Fingerzeige für jene, die zu sorgfältigen Lesern werden möchten. „Lesen lernen heißt entdecken", so sagt er einmal, „daß man unablässig wieder lesen muß". Das Wiederlesen schenke eine eigentümliche Freiheit, denn „nur was wir wiederlesen, haben wir selbst bestimmt". Gómez Dávila, einer der großen Bibliophilen des 20. Jahrhunderts, kämpft gegen das oberflächliche Lesen, zu dem die Überfülle neuer und zumeist nicht einmal mittelmäßiger Bücher und Zeitungen immer wieder verleitet. Es gilt, aufmerksam zu sein: „In jedem Buch, so bekannt es auch sein mag, gibt es zuhauf außer acht gelassene Landstriche". Einerseits sieht Gómez Dávila in der Literatur der klassischen Moderne ein großartiges reaktionäres Unterfangen, andererseits lasse einem die „ausschließliche Lektüre von Zeitgenossen (...) das Hirn verdorren". Die antike Literatur biete dazu ein dringend nötiges Gegengewicht, nur sie könne wirklich die Krätze der Moderne heilen: „Eine gewisse Zeit lang nichts als Latein und Griechisch zu lesen, ist das einzige, was die Seele ein wenig desinfiziert".

Die Seele des Lesers muß sich auf eine wenig präzise anzugebende Weise mit der Seele eines Buches treffen, um es richtig zu verstehen. Bücher, große zumal, haben die vertrackte Eigenschaft, sich dem Leser, für den sie nicht gedacht sind, in falscher oder doch zumindest verzerrter Gestalt zu präsentieren. Es gibt zudem Leser, „die von den Büchern angenommen werden und Leser, die von ihnen zurückgewiesen werden". Die klugen Leser sind wohl immer in der Minderheit, einzelne wie Gómez Dávila, die sich in ihrer Zurückgezogenheit mit den großen Toten der Vergangenheit unterhalten, weil sie in ihrer Gegenwart meist solcher Gesprächspartner ermangeln. „Denken", so formuliert das Gómez Dávila, „ist eine pausenlose Zwiesprache mit verstorbenen Gesprächspartnern". Der Verlust der klassischen Bildung und der Verlust der Fähigkeit zu lesen, beunruhigen den vorzugsweise in den Originalsprachen lesenden Gómez Dávila zutiefst: „Wir haben bereits gewußt, daß ein Text sterben kann, doch wir haben nicht vermutet, daß noch vor dem Text die Fähigkeit sterben kann, ihn zu verstehen". Texte zu verstehen ist beileibe keine einfache Sache, wie zahlreiche Stellen verdeutlichen: „Die Tiefe eines Textes ist keine Dimension, die es zu untersuchen gilt, sondern eine prächtigere Farbe seiner Oberfläche". Dabei handelt es sich kaum nur um ein ästhetisches Phänomen, sondern um die komplizierte Verschränktheit von Argument und Form, die sich nicht operationalisieren läßt. Nichts kann deshalb die eigene Erfahrung ersetzen, die instinktiv ein schlechtes Buch zu wittern erlaubt und die es ermöglicht, sich taktvoll der Tiefe der Oberfläche zu nähern. Die geistesaristokratische Haltung des Reaktionärs führt ihn in seinen Scholien immer wieder dicht an die Formulierung des esoterischen Charakters mancher Werke heran, wenn er z.B. bemerkt, ein kluger Text sei auf verschiedenen Ebenen gut und ein kluger Gedanke gleite unversehrt durch die Hände der Mehrzahl der Leser. So sieht der Reaktionär im „Beschränken der Zuhörerschaft" eher eine Tugend, da dadurch die Gefahr der Pflichtvergessenheit verringert werde. Es kann keinen Zweifel daran geben, daß Gómez Dávila wie alle echten Philosophen (was durchaus als analytischer Satz betrachtet werden kann) nur für jene Wenigsten schreibt, deren Auffassungsgabe der Schwierigkeit des Philosophierens gewachsen ist: „Man darf nicht schreiben, damit wir Leser haben, sondern so, als ob wir einen Leser haben würden". Und: „Wir dürfen nicht beabsichtigen, den klugen Gedanken dem klug erscheinen zu lassen, der es selbst nicht ist". Gómez Dávila ist einer jener Autoren, die, in Abwandlung eines Wortes von Balthasar Gracián, nur mit den Wenigsten denken, ohne mit den Meisten zu reden, so daß er denn auch den auf den ersten Blick etwas merkwürdigen Satz zu bedenken gibt: „Der Irrtum ist weniger gefährlich als die ungebührliche Verbreitung einer offensichtlichen Wahrheit". Wem aber wie dem Reaktionär die Wahrheit und die Reinheit der Kategorien über alles geht, dem wird deren unvermeidliche Korruption durch Popularisierung stets Kopfschmerzen bereiten.

Der beständige Bezug auf das Problem der Seele ergibt sich für Gómez Dávila daraus, daß er allenthalben eine tiefgreifende Verderbnis des modernen Menschen beobachtet. Dieser hänge meist irgendeiner Spielart gnostischer Ideologien an, glaube also an die Möglichkeit der Selbsterlösung des Menschen (Pelagianismus) und habe deshalb den Kontakt mit älteren Wahrheiten über den Menschen vollkommen verloren. Wahrheiten, die sich gleichermaßen in der Bibel wie im Thukydides finden, dessen Geschichte des Peloponnesischen Krieges für Gómez Dávila das größte aller Bücher war. Der Reaktionär wirft dem modernen Menschen vor, die Realität der Sünde zu leugnen, und sich gefährlichen Illusionen über die natürliche Güte des Menschen hinzugeben. Auch die Auffassungen von Marx und Freud erscheinen Gómez Dávila daher nicht plausibel: „Die Geschichte wäre wesentlich friedfertiger, wenn es darin nur Ökonomie und Sex gäbe. Der Mensch ist eine weit entsetzlichere Bestie". Gómez Dávila zielt so auf eine Gegenaufklärung, deren das illusionsreiche Denken des Liberalen bedarf, weil dieser nur sanfte Wahrheiten zu ertragen fähig ist. So etwa bereitet ihm die Einsicht Schwierigkeiten, daß der Mensch zu allem fähig ist, daß es eine Illusion ist, einen moralischen Fortschritt der Gattung anzunehmen, wo es doch lediglich den moralischen Fortschritt des Individuums gibt, das an sich selber arbeitet.

Auch das Grauen des 20. Jahrhunderts hat diese traurige Wahrheit bestätigt, und Reinhart Maurer weist darauf hin, daß dies nur modernen Moralutopisten neu erscheinen kann. Eine Philosophie, die dem Problem des Bösen ausweicht, ist nur ein Märchen für dumme Kinder: „Der größte moderne Irrtum besteht nicht in der These vom toten Gott, sondern im Glauben, daß der Teufel tot sei". Die Schwächung des Guten schafft die Bedingungen für den Triumph der Niedertracht und des Bösen: „Das Böse kann nicht siegen, wo das Gute nicht schal geworden ist". Es ist vielmehr die leichtfertige Dummheit der „Guten", die dem Teufel die Tür öffnet: „Der Teufel kann ohne die leichtfertige Kollaboration der Tugenden nicht viel ausrichten".

Gómez Dávila versteht wie wenige die Kunst, durch seine unerschrockene Äußerung reaktionärer Gedanken zum Nachdenken anzuregen. Bei deren Lektüre weiß der Leser in der Tat nie, „ob es angebracht ist, enthusiastisch zu applaudieren oder wütend aufzustampfen". Weist es sich doch alsbald nur allzu deutlich, daß vieles von dem, das heutzutage als Philosophie gehandelt wird, nur eine höhere Form des Zeitvertreibs ist, mehr oder weniger geistreich kostümierte Gemeinplätze, erfindungsreiche und brillante Varianten moderner Sophistik, die für Talkshows, nicht aber für den Ernstfall taugt. Es ist, nüchtern betrachtet, stets nur den Wenigsten gegeben, sich von der Tyrannei der Gegenwart in wahrhaft philosophischer Weise zu emanzipieren. Gleichwohl lohnt es einen Versuch, und wer nicht nur wie ein Intellektueller dafürhalten, sondern denken will, tut gut daran, sich auch von der Modernitätskritik des Reaktionärs erschrecken und anregen zu lassen. Der Sinn dieses reaktionären Denkens liegt nicht offen zutage, sondern will erschlossen sein, und dies ist nur möglich, wenn man sich ein Stück weit dem Lärm der Moderne entzieht, der unsere Seelen betäubt und stumpfsinnig werden läßt. So betrachtet, ist das Denken reaktionärer Gedanken ein Akt der Psychohygiene, der die Seele ein wenig desinfiziert. Die reaktionären Marginalien des Gómez Dávila mahnen den Leser zu jener Kontemplation, welche der Epikureismus der edlen Seele ist. Praktische Rezepte darf der Leser von Gómez Dávila nicht erwarten. Der Reaktionär will und kann weder beweisen noch überzeugen, sondern nur einladen. Diese Einladung kann man annehmen oder ausschlagen, doch ist eine dadurch mögliche Kultivierung der Intelligenz für denjenigen, der um seine Seele besorgt ist, unabweislich: „Die Seele füllt sich mit Gestrüpp, wenn sie nicht tagtäglich von der Intelligenz durchforstet wird wie von einem emsigen Gärtner". Gómez Dávila bietet mit seinen Glossen kein „bloßes Surrogat eigenen Denkens". Er ist ein Selbstdenker, ein Zufluchtsort aller aus der Moderne verbannten Ideen, der zunächst für sich und nicht für andere denkt und daher auch nicht imitiert werden kann. Der Reaktionär vermeidet jegliche Verbeugung vor der Popularität, für mehr als hundert Leser zu schreiben, erscheint ihm anrüchig. Zaghaft beginnt die Rezeption des reaktionären Kolumbianers, doch wäre es vermessen, mehr zu erhoffen, als jene „ganz eigenthümliche, stille, langsame, mächtige Wirkung", die Schopenhauer allen echten Werken zuerkannte. Doch man kann nie wissen: Denn der Reaktionär ist, so wiederum Botho Strauß, „der letzte Phantast in einer kompletten Fantasy-World".

BIOGRAPHISCHE NOTIZ

Nicolás Gómez Dávila, „der berühmte Unbekannte", wie ihn der Peruaner José Miguel Oviedo in seiner *Historia del Ensayo Hispanoamericano* genannt hat, wurde am 18. Mai 1913 in Sante Fé de Bogotá geboren und starb daselbst am 17. Mai 1994. Er entstammte einer alten Familie kastilischen Blutes mit kolonialer Tradition, zu der er sich ohne moderne Scham bekannte und die er auch nicht durch Hinweise auf allfällige indianische Seitenlinien zu mildern suchte. Einen Vorfahren, der Mitstreiter Simon Bolivars gewesen war, nannte er ironisch einen Makel. Gómez Dávilas Vater hatte es im Textilgeschäft zum Wohlstand gebracht und der Sohn pries den Umstand, daß dieser alt genug geworden wäre, um das Geschäft in die Hände seiner Enkel zu legen. Das mag Legende sein, denn eingeweihte Freunde der Familie weisen darauf hin, daß er selbst mit wenig Aufwand und viel Geschick das Geschäft steuerte.

Als Nicolás in das schulfähige Alter kam, zog die Familie, der Tradition des kolumbianischen Großbürgertums folgend, nach Europa, nach Paris, um dem Jüngling europäische Kultur einzupflanzen. Er besuchte in Paris eine Schule des Benediktinerordens, bis ihn eine Lungenkrankheit für zwei Jahre in häusliche Klausur bannte, wo ihm Hauslehrer eine sorgfältige Erziehung und Ausbildung mit humanistisch-christlichem Schwerpunkt angedeihen ließen. Gómez Dávila wurde in den alten Sprachen und Literaturen heimisch, sein Englisch wurde in Ferienaufenthalten in Großbritannien vervollkommnet. Deutsch lernte er vor allem, um sich Kant nähern zu können; eine dänische Grammatik in seiner Bibliothek sollte ihm den unmittelbaren Zugang zu Kierkegaard ermöglichen. Sein Bibliotheksverzeichnis bezeugt, daß er auch italienisch las. Die Beziehung zu Büchern und zu Literatur ging über die Information, aber auch das Bibliophile weit hinaus. Das Stoffliche, der materialisierte Geist im Buch vermochte ihn in einem Maße anzuziehen, daß er z. B. Besuchern ein in cyrillischen Lettern gedrucktes Buch Konstantin Leontjews ehrfurchtsvoll zeigte, das er zwar nicht lesen konnte, das aber seine Verbindung zu dem verehrten Philosophen magisch unterlegte.

Mit 23 Jahren heiratete er Maria Emilia Nieto, die ihm zwei Söhne und eine Tochter schenkte. Zentrum seines Lebens war neben dem prächtigen Landsitz Canoas Goméz im Departamento von Cundinamarca, ein Haus im Tudor-Stil in Bogotá, das vor allem seine große Bibliothek barg, die zuletzt an die 30.000 Bände umfaßte. Hier führte er ein um das Denken, Schreiben und vor allem Lesen zentriertes Leben, das ihn alle Zumutungen politischer und ökonomischer Karrieren gering schätzen ließ. Ein Reitunfall minderte ebenso wie im hohen Alter ein Sturz von der Bibliotheksleiter die Beweglichkeit und förderte die *Stabilitas loci*. Nur einmal unterbrach er seine Seßhaftigkeit und bereiste 1949 einige Monate lang mit seiner Frau den alten Kontinent.

Die Bibliothek beherbergt zwar auch bibliophile Schätze, sie war aber vor allem eine Leser-Bibliothek, welche die klassischen Literaturen, Philosophie, Dichtkunst, Geschichte, Theologie, aber auch Belletristik umfaßt. Neben den klassischen Sprachen liegt der Schwerpunkt auf französischen, deutschen, englischen, italienischen Werken; spanische Literaturen sind unter proportional vertreten. Von den Lateinamerikanern finden sich Borges, Mutis, Tellez und Octavio Paz. Das Bibliotheksverzeichnis nennt keinen Titel seines Landsmannes und Nobelpreisträgers Garcia Marquez, der

Dávila seinerseits nicht geringschätzte und einmal im privaten Kreis bemerkte: „Wäre ich nicht Kommunist, ich dächte und schriebe ganz wie Gómez Dávila". Günter Krauss schrieb an Ernst Jünger einmal, daß Gómez Dávila auch einer wäre, der den Nobelpreis verdiente, wenn er ihn auch nie bekommen würde.

Gómez Dávila las keine Tageszeitung, verschmähte das Fernsehen und versank in Lektüre und Gedanken, obwohl er einem gewissen gesellschaftlichen Umgang nicht fernstand und gern Menschen aus der intellektuellen Oberschicht seines Landes zu ausgedehnten sonntäglichen *Tertulias* in seinem Hause versammelte. Die Bedeutung seines Lebens blieb im Gedachten, Gesehenen und Geschriebenen. Er selbst kannte die Beschränktheit der Biographien, als er schrieb „Das Leben ist eine Anekdote, die unsere wahre Persönlichkeit verhüllt."

Aus einem 2017 geführten Gespräch einer Journalistin mit einem der Enkel wissen wir mehr von den letzten Jahren des Gómez Dávila:*

Dem alternden Don Nicolás setzten die Folgen eines Schlaganfalles zu. Konzentrationsschwierigkeiten beeinträchtigten die Arbeit in der Bibliothek, auch sein Gedächtnis ließ immer mehr nach. Ein enger Freundeskreis hielt noch Kontakt. Lesen und Schreiben gelang dem Büchermensch in den letzten sieben Jahren nur mehr durch harte Disziplin und an schlechten Tagen erkannte er nicht einmal mehr seine nächsten Verwandten. Doch in den Nächten der Krankheit fand er zu einer fast mystischen Gottesbeziehung: „Gott allein" galten seine letzten zu Papier gebrachten Zeilen. Schon früher ging er nie an einer Kirche vorbei, ohne zu einem kurzen Gebet einzutreten. Bei allem Mißfallen an den Ergebnissen

---

* Regina Einig: Erinnerungen an Don Nicolás. „Die Tagespost", Würzburg, 20. Oktober 2017

des 2. Vaticanums gab es für ihn letztlich keine Autorität außerhalb der Kirche.

An der Schwelle des Todes verlor alles andere an Bedeutung im seinem Leben. Für den Alternden wurde die Bibliothek zur Mönchszelle. Sein Enkel erinnert sich: „Es war eine unablässige Betrachtung. Er meditierte Gottes Güte und das Verblassen der Welt neben Gottes Größe. Vom Irdischen gelöst hatte er sich längst."

Franco Volpi

BIBLIOGRAPHIE

Für die Unterstützung bei der Zusammenstellung des bio-bibliographischen Materials danke ich Rosa Emilia Gómez Dávila (Bogotá), Giovanni Cantoni (Piacenza), Martin Mosebach (Frankfurt/Main) und Amalia Quevedo (Bogotá).

Schriften von Nicolás Gómez Dávila

Notas, México 1954, 352 S. (Privatdruck über Anregung von Ignacio Gómez, des Bruders von Nicolás).

Textos I, Editorial Voluntad, Santafé de Bogotá, 1959, 192 S. Neuausgabe: Villegas, Bogotá, 2002, 154 S.

Escolios a un texto implícito, Instituto Colombiano de Cultura, Bogotá, 1977, 2 Bände, 477+505 S.

Nuevos Escolios a un texto implícito, Procultura. Presidencia de la República, Nueva Biblioteca Colombiana de Cultura, Bogotá, 1986, 2 Bände, 208+212 S.

De jure, in „Revista del Colegio Mayor de Nuestra Señora del Rosario", LXXXI, Nr. 542, Bogotá, April–Juni 1988, S. 67–85.

Sucesivos escolios a un texto implícito, Instituto Cara y Cuervo, Santafé de Bogotá, 1992, 186 S. Unautorisierte Ausgabe: Áltera, Barcelona, 2002.

El reaccionario auténtico, in „Revista de la Universidad de Antioquía“, Nr. 240, Medellin, April–Juni 1995, S. 16–33.

Escolios a un texto implícito. Selección, Vorwort Mario Laserna Pinzón, Nachwort Franco Volpi, Villegas, Bogotá, 2001, 510 S.

Obras completas, Villegas, Bogotá 2005, 5 Bände (alle Scholien).

Übersetzungen

Einsamkeiten. Glossen und Text in einem, Deutsch von Günther Rudolf Siegl, mit einem Nachwort von Franz Niedermayer, Karolinger, Wien–Leipzig, 1987.

Auf verlorenen Posten. Neue Scholien zu einem inbegriffenen Text, Deutsch von Michaela Meßner, mit einem Beitrag von Francisco Pizano de Brigard, Deutsch von Marion Weiß, Karolinger, Wien–Leipzig, 1992.

Aufzeichnungen des Besiegten. Fortgesetzte Scholien zu einem inbegriffenen Text, Deutsch von Günter Maschke, mit einem Nachwort von Martin Mosebach, Karolinger, Wien–Leipzig, 1994.

Texte und andere Aufsätze, Deutsch von Herminio Redondo, Karolinger, Wien–Leipzig, 2003.

Scholien zu einem inbegriffenen Text, Deutsch von Th. Knefeli und G. R. Siegl, Karolinger, Wien–Leipzig, 2006 und 2016.

Scholien. Ein Nachtrag. Deutsch von G. Eder, R. Tschoch und G. v. Rennenkampf, Karolinger, Wien–Leipzig, 2014.

Il vero reazionario, in „Cristianitá“, XXVII, Nr. 287–88, März–April 1999, S. 18–20.

Io, il Nietzsche di Bogota, in „la Repubblica", 18. Dezember 1999.

Mille le varita, uno solo Verrore, in „surplus", I, 1999, Nr. 4, S. 58–61.

In margine a un testo implícito, a cura di F. Volpi, Adelphi, Milano, 2001,192 S.

Les Horreurs de la démocratie. Scholies pour un texte implicite, mit einem Vorwort von Samuel Brusseil und einem Beitrag „Un ange captif du temps" von F. Volpi, Éditions du Rocher, Monaco, 2003, 385 S.

Le Reactionnaire authentique, Auswahl: S. Brussell, Üs.: Michel Bibard, Ed. du Rocher, Monaco 2004.

Pensieri antimoderni, Hg. von Anna K. Valerio, Edizioni di Ar, Padua 2006.

Das Leben ist die Guillotine der Wahrheiten (Auswahl), hg. von Martin Mosebach, üs. von Günther Sigl, Günter Maschke, Ulrich Kunzmann u. a., Eichborn, Frankfurt/M 2006.

Es genügt, daß die Schönheit unseren Überdr*uß streift,* Hg. von Michael Klonovsky (Auswahl), Reclam jun., Stuttgart 2007.

Carnets d'un vaincu (Escolios sucesivos), Üs. Alexandra Templier, L'Arche, Paris 2009.

Scholia do tekstu implicite (Escolios I), Hsg. u. Üs. ins Polnische: Krzysztof Urbanek, Furta Sacra, Warschau 2014.

További széljegyzetek egy rejtett szöveghez (Esc. Sucesivos), Üs. ins Ungarische: Pávai Patak Márta, Quadmon Kiadó, Budapest 2014.

Escolios a un texto implícito I, Üs. ins Italienische: Loris Pasinato, GOG, Rom 2017.

Über Nicolás Gómez Dávila

AA. W, *Homenaje a Nicolas Gómez Dâvila,* Sonderausgabe der „Revista del Colegio Mayor de Nuestra Señora del Rosario“, LXXXI, Nr. 542, Bogotá, April-Juni 1988. Mit Beiträgen von Alberto Zalamea (S. 7), Francisco Pizano de Brigard (S. 9–20), Hernando Téllez (S. 21–22), Álvaro Mutis (S. 23–25), Juan Gustavi Cobo Borda (S. 26–30), Gerd-Klaus Kaltenbrunner (S. 31–33), Adolfo Castañon (S. 34–37), und einer Anthologie der Schriften von Nicolás Gómez Dâvila: aus *Notas* (S. 38–44), *Textos* (S. 45–57), *Escolios inéditos* (S. 58–66) und dem Aufsatz *De iure* (S. 67–85).

Alfredo Abad (Hg.): Entre fragmentos. Interpretaciones gomezdavilianos. Pereira: Casa de Asterión, 2017.

Anonym, *El pensador incansable: Nicolas Gómez Dâvila*, in „Semana“, Nr. 629, Bogotá, 25–31. Mai 1994, S. 76–78.

Brenner, Andreas: *Reaktionäre Selbstbestimmung – Nicolas Gómez Dávila trotzt den Versuchungen und bleibt seinem Grund treu.* In: „Lebenskunst im 20. Jahrhundert. Stimmen von Philosophen, Künstlern und Therapeuten“. Hg. von Günter Gödde und Jörg Zirfas. Paderborn: Fink, 2014, S. 201–214.

Giovanni Cantoni, *Gómez Dâvila il conservatore*, in „Secólo d'Italia“, 7. Mai 1999.

Id., *Gómez Dâvila, certosino del Valtopiano*, in „Percorsi di política, cultura, economía“, IV, Februar 2000, S. 45–48.

Id., *Un contro-rivoluzionario cattolico iberoamericano nell'etá della Rivoluzione culturale:* il *„vero reazionario“ postmoderno Nicolás Gómez Dávila*, in „Cristianità“, XXVII, Nr. 298, März–April 2000, S. 7–16.

Adolfo Castañon, *Retrato de un pastor de libélulas: Nicolás Gómez Dâvila*, in „Revista del Colegio Mayor de Nuestra Señora del Rosario“, LXXXI, Nr. 542, Bogotá, April–Juni 1988, S. 34–37.

Álvaro Castañon Castillo: *Nicolás Gómez Dávila*, in: Derselbe: Mis amigos. Bogotá: Aguilar, 2015, S. 105–109.

Juan Gustavo Cobo Borda, *La tradición de la pobreza*, Carlos Valencia Editores, Bogotá, 1980.

Id., *La otra literatura latinoamericana*, Procultura–Colcultura–El Ancora, Bogotá, 1982.

Id., *Escolio a los Escolios*, in „Revista del Colegio Mayor de Nuestra Señora del Rosario“, LXXXI, Nr. 542, Bogotá, April–Juni 1988, S. 26–30.

Id., *Gómez Davila: un pensador solitario*, in „Cambio Colombia“, Bogotá, Nr. 50, 23. Mai 1994, S. 61–62.

Heinrich Dassel, *Nicolás Gómez Dávila. Der Denker der Reaktion*, in „Neue Ordnung“ (Graz), 3, 2002, S. 25–27.

Oscar Duque Torres, *Nicolás Gómez Dávila: el ultimo humanista*, in „Cromos“, Bogotá, Nr. 3983, Mai 1994, S. 66–71.

Id., *Nicolás Gómez Dávila: la pasión del anacronismo*, in „Boletín Cultural y Bibliográfico“ (der Biblioteca Luis Ángel Arango in Bogotá), XXXII, Bogotá 1995, Nr. 40, S. 31—49, mit Fotos von Ernesto Monsalve.

Mauricio Galindo Hurtado, *A Reactionary in the Andes: An Intellectual Biography of Nicolás Gómez Dávila*, University of Sussex, Typoscript (Diss.), September 1999.

Id., *Un pensador aristocrático en los Andes: una mirada al pensamiento de Nicolás Gómez Dávila*, in „Historia critica. Revista del Departamento de Historia de la

Facultad de Ciencias Sociales de la Universidad de los Andes“, Nr. 19, Januar–Juni 2000, S. 13–26.

Eberhard Geisler: *Entgegnung auf Gómez Dávila. Eine Polemik*. In: Germanisch-Romanische Monatsschrift 62.3 (2012), S. 331–351.

Efren Giraldo: La poética del esbozo. Baldomero Sanin Cano, Hernando Tellez, Nicolás Gómez Dávila, Bogotá 2014.

Id.: *De la nota al diario. Ernesto Volkening y Nicolás Gómez Dávila*, in: „Revista Universidad de Antioquia. Medellín“, Universidad de Antioquia, No. 326 (Oktober–Dezember 2016), S. 27–32.

Francia Elena Goenaga Olivares: *Entre lineas. Volkening*, in: Revista Universidad de Antioquia. Medellín, Universidad de Antioquia, No. 326 (Oktober–Dezember 2016), S. 39–42.

Carlos B. Gutiérrez (Hg.): Colloquio en el Centenario de Don Nicolás Gómez Dávila (1913–2013). Bogotá: Universidad de los Andes, 2014 (mit Beiträgen von Diego Pizano, Till Kinzel, Francia Elena Goenaga, Carlos B. Gutiérrez).

Werner Helmich: *Gómez Dávila, Skandalon und monstre sacré. Ein Klärungsversuch*, in: „Romanistische Zeitschrift für Literaturgeschichte“ 38.3–4 (2014), S. 431–482.

Id.: *Nicolás Gómez Dávila: un moralista paleo-europeo nella Colombia novecentesca. Autoritratto in quaranta aforismi*. In: Aforismi e alfabeti. A cura di Giulia Cantarutti, Andrea Ceccherelli e Gino Ruozzi. Bologna: il Mulino, 2016, S. 99–116.

Ivo Höllhuber, *Geschichte der Philosophie im spanischen Kulturbereich*, München, 1967, 276 S.

Hinrich Hudde: *Reflexionen des Aphoristikers Nicolás Gómez Dávila über Geschichte, Geschichtsschreibung und Ästhetik (und zu Form und Stil seiner Escolios)*. In: Kirsten Dickhaut/Stephanie Wodianka (Hg.): Geschichte – Erinnerung – Ästhetik. Akten des Festkolloquiums zum 65. Geburtstag von Dietmar Rieger. Tübingen: Narr, 2010, S. 97–109.

Gerd-Klaus Kaltenbrunner, *Ein Heide, der an Christus glaubt. Der kolumbianische Antimodernist Gómez Dávila auf deutsch*, in „Rhein-Neckar-Zeitung", 24. Dezember 1987; spanische Übersetzung *Un pagano che cree en Cristo. El antimodernista colombiano Nicolás Gómez Dávila en alemán*, in „Revista del Colegio Mayor de Nuestra Señora del Rosario", LXXXI, Nr. 542, Bogotá, April–Juni 1988, S. 31–33.

Id., *Antimodernismus in Aphorismen. Hinweis auf den katholischen Denker Gómez Dávila und seine Ehrenrettung des „Reaktionärs"*, in „Saka-Informationen", Januar 1994, S. 16–18.

Till Kinzel, *Vom Sinn des reaktionären Denkens*, in „Philosophisches Jahrbuch", 109, 2002, S. 175–85.

Id.: *Estrategias literarias del desengaño en Baltasar Gracián y Nicolás Gómez Dávila*, in: Sebastian Neumeister (ed.), Los conceptos de Gracián. Tercer Coloquio Internacional sobre Baltasar Gracián en ocasión de los 350 años de su muerte, Berlin: tranvía, 2010, S. 261–281.

Id.: *Das aphoristische Denken und die implizite Bibliothek: Nicolás Gómez Dávilas Lektüren als angewandte Modernitätskritik*, in: Nicolás Gómez Dávila e la crisi dell'Occidente, hg. von Fabrizio Meri und Silvano Zucal, Pisa: ETS, 2014, S. 85–105.

Id.: Nicolás Gómez Dávila – Parteigänger verlorener Sachen, 4., überarbeitete und erweiterte Auflage, Rückersdorf 2015.

Id.: *Nicolás Gómez Dávila – Aphorismen als Einspruch gegen die Moderne*, in: „Erträge" (Schriftenreihe der Bibliothek des Konservatismus). Hg. von der Förderstiftung Konservative Bildung und Forschung. Berlin: FKBF, 2017, S. 147–169.

Erik von Kuehnelt-Leddihn, *Die recht gestellten Weichen. Irrwege – Abwege – Auswege,* Karolinger, Wien, 1989.

Id., *Der Geist steht rechts – Das Lebenswerk des Nicolás Gómez Dávila,* in „Theologisches – Katholische Monatsschrift“ XXV, Nr. 4, April 1995.

Silvia Lavina: *La idiosincrasia antimoderna de Nicolás Gómez Dávila*, in: „Eikasia. Revista de Filosofia“ (Juli 2012), S. 263–275.

Antonio Lombardi: *Una questione decisiva*, in: Nicolás Gómez Dávila: Alle origine del mondo. Intorno al sacro e alla trascendenza. Villasanta: Limina Mentis, 2013, S. 7–51.

Antonio Lombardi / Gabriele Zuppa: *Nicolás Gómez Dávila e la modernità.* Villasanta: Limina Mentis, 2015.

Reinhart Maurer, *Besprechung von N. Gómez Dávila, Einsamkeiten,* in „Philosophische Rundschau“, XXXVI, 1989, Nr. 1/2, S. 150–55.

Id., *Reaktionäre Postmoderne – Zu Nicolás Gómez Dávila, in Aufklärung und Postmoderne – 200 Jahre nach der französischen Revolution das Ende aller Aufklärung?,* Hg. von Jörg Albertz, Freie Akademie, Berlin, 1991, S. 139–50.

Fabrizio Meri / Silvano Zucal (Hg.): Nicolás Gómez Dávila e la crisi dell'Occidente. Pisa: ETS, 2014.

Martin Mosebach, Besprechung von Nicolás Gómez Dávila, *Einsamkeiten,* in „Schopenhauer-Studien“, IV, 1991, S. 315–18.

Id., *Auf verlorenem Posten. Der kolumbianische Aphoristiker Gómez Dávila,* in „Frankfurter Allgemeine Zeitung“ 11. Dezember 1993, und unter dem Titel

Ein Besuch bei Nicolás Gómez Dávila, in N. Gómez Dávila, *Aufzeichnungen des Besiegten, Fortgesetzte Scholien zu einem inbegriffenen Text,* Deutsch von Günter Maschke, mit einem Nachwort von Martin Mosebach, Karolinger, Wien-Leipzig, 1994, S. 109–15.

Id., *Der Zeitfremdling,* in „Frankfurter Allgemeine Zeitung" 9. Juni 1994.

Alvaro Mutis, *Donde se vaticina el destino de un libro inmenso,* in „Revista del Colegio Mayor de Nuestra Señora del Rosario", LXXXI, Nr. 542, Bogotá, April–Juni 1988, S. 23–25.

Sebastian Neumeister: *Rezension zu Till Kinzel: Nicolás Gómez Dávila – Parteigänger verlorener Sachen [2015],* in: „Germanisch-Romanische Monatsschrift" 66.2 (2016), S. 253–256.

Franz Niedermayer, *Über Nicolás Gómez Dávila,* in Id., *Einsamkeiten. Glossen und Text in einem,* Deutsch von Günther Rudolf Sigl, mit einem Nachwort von Franz Niedermayer, Karolinger, Wien, 1987, S. 169–81.

Hernán Alejandro Olano García: *El Nietzche [sic] colombiano. Aproximación biográfica de Don Nicolás Gómez Dávila,* in: „Misión Jurídica. Revista de Derecho y Ciencias Sociales" 9 (Juni–Dezember 2015), S. 249–257.

Malte Oppermann: *Philosophie des Sündenfalls,* „Die Tagespost" Nr. 124 (17. Oktober 2015), S. 9. Siehe auch in: Poeten, Priester und Propheten. Leben und Werk inspirierender Schriftsteller. Die Tagespost-Literaturserie. Hg. von Stefan Meetschen, Alexander Pschera. Kißlegg: FE-Medien, 2016, S. 309–316.

José Miguel Oviedo, *Breve historia del ensayo hispanoamericano,* Alianza Editorial, Madrid, 1991, S. 150–51 (Kap. 4, VIII: „Un ilustre desconocido").

Damián Pachón Soto: *Nicolás Gómez Dávila, un exiliado de la modernidad,* in: Derselbe: Estudios sobre el pensamiento Colombiano. Volumen I. Bogotà: Ediciones desde abajo, 2011, S. 208–234.

Francisco Pizano de Brigard, *Semblanza de un colombiano universal: las claves de Nicolás Gómez Dávila*, in „El Tiempo“, 6. März 1988, und in „Revista del Colegio Mayor de Nuestra Señora del Rosario“, LXXXI, Nr. 542, Bogotá, April–Juni 1988, S. 9–20; Deutsch von *Die Schlüssel des Nicolás Gómez Dávila,* in N. Gómez Dávila, *Auf verlorenem Posten. Neue Scholien zu einem inbegriffenen Text,* Deutsch von Michaela Meßner, mit einem Beitrag von Francisco Pizano de Brigard, Deutsch von Marion Weiß, Karolinger, Wien, 1992, S. 261–71.

Id.: Semblanza de un colombiano universal & Conversaciones con Nicolás Gómez Dávila, Bogotá 2013.
Amalia Quevedo, *Metafísica aquí? Reflexiones preliminares sobre Nicolás Gómez Dávila,* in „Ideas y valores“ (Universidad Nacional, Bogotá), Nr. 111, Dezember 1999, S. 79–88.

Michaël Rabier: *La „cestion literaria“ en la obra de Nicolás Gómez Dávila*, in: „Perífrasis“ 5.10 (Juli–Dezember 2014), S. 25–40.

Id.: *Un filósofo y su biblioteca: el Fondo Nicolás Gómez Dávila más allá de su valor patrimonial*, in: Boletín cultural y bibliográfico XLIX, Nr. 8–9 (2015), S. 233–237.

Darío Ruiz Gómez: *Nicolás Gómez Dávila – el necessario pensamiento de derechas*, in: „Revista Universidad de Antioquia“ 314 (Oktober–Dezember 2013), S. 37–40.

Placido A. Sangiorgio, *Gómez Dávila. Vate del postmoderno e reazionario selvaggio*, in „Stilos. Quindicinale di letteratura“, 4, Nr. 8, 2002, S. 7.

Miguel Saralegui: *Nicolás Gómez Dávila como crítico de la cultura hispánica*, in: „Ideas y Valores“ 65.162 (2016), S. 315–336.

Frédéric Schiffter: *Témoigner de son écœurment (Sur Nicolás Gómez Dávila)*, in: Derselbe: Le charme des penseurs tristes. Paris: Flammarion, 2013, S. 133–142.

José Miguel Serrano Ruiz-Calderón: Democracia y nihilismo. Vida y obra de Nicolás Gómez Dávila, Pamplona: EUNSA, 2015.

Botho Strauß, *Der Aufstand gegen die sekundäre Welt,* in „Die Zeit", 22. Juni 1990, Id., Der Aufstand gegen die sekundäre Welt, Hanser, München, 1999.

Id., *Anschwellender Bockgesang,* in „Der Spiegel" 8. Februar 1993, und in Heimo Schwilk – Ulrich Schacht (Hsg.), Die selbstbewußte Nation. *„Anschwellender Bockgesang" und weitere Beiträge zu einer deutschen Debatte,* Ullstein, Berlin, 1994, S. 19—40.

Hernando Téllez, *La obra de Nicolás Gómez Dávila. Una dura punta de diamante,* in „Revista del Colegio Mayor de Nuestra Señora del Rosario", LXXXI, Nr. 542, Bogotá, April–Juni 1988, S. 21–22.

Carlos Andrés Ulloa-Rivero: *De estelas y escombros. Ensayo sobre la obra de Nicolás Gómez Dávila,* in: „Cuestiones de filosofía" 17.1 (2015), S. 104–117.

Krzysztof Urbanek: La recepción de la obra de Nicolás Gómez Dávila en Polonia, in: „Pensamiento y Cultura" 16.2 (Dezember 2013), S. 33–49.

Ernesto Volkening, *Anotado al margen de „ El reaccionario " de Nicolás Gómez Dávila,* in „Eco. Revista de la cultura de Occidente", Nr. 205, Bogotá, Juni 1978, S. 95–99.

Id.: *„Cuadernos". Selección de textos Efrén Giraldo,* in: „Revista Universidad de Antioquia". Medellín, Universidad de Antioquia, No. 326 (Oktober–Dezember 2016), S. 18–26.

Franco Volpi, *Nicolás Gómez Dávila,* in Id. (Hsg.), *Großes Werklexikon der Philosophie,* 2 Bände, Kröner, Stuttgart, 1999, Bd. I, S. 580–81.

Id., *Nicolás Gómez Dávila:* il perfetto reazionario, in „surplus“ 1, 1999, Nr. 4, S. 55–61.

Id., *Nicolás Gómez Dávila,* in Id., *Dizionario delle opere filosofiche,* Bruno Mondadori, Milano, 2000, S. 439—41.

Id., *Nicolás* Gómez *Dávila. El Solitario de Dios,* Villegas Editores, Bogotá 2005.

Christoph Weber: *Meine Überzeugungen sind die des alten Weibes, das im Winkel der Kirche seine Gebete murmelt,* in: Kirche und Gesellschaft im Wandel der Zeiten. Festschrift für Gabriel Adriányi zum 75. Geburtstag mit einer Bibliographie, hg. von Hermann-Josef Scheidgen, Sabine Prorok und Helmut Rönz, Nordhausen: Bautz, 2012, S. 569–581.

Alberto Zalamea, *Homenaje a Nicolás Gómez Dávila,* in „Revista del Colegio Mayor de Nuestra Señora del Rosario“, LXXXI, Nr. 542, Bogotá, April–Juni 1988, S. 7.

KAROLINGER VERLAG
AUS UNSEREM PROGRAMM

Nicolás Gómez Dávila

SCHOLIEN
ZU EINEM INBEGRIFFENEN TEXT

Aus dem Spanischen von
Th. Knefeli und G. R. Siegl

600 Seiten, gebunden
ISBN 978 3 85418 168 2

Nicolás Gómez Dávila

AUF VERLORENEM POSTEN

Neue Scholien zu einem inbegriffenen Text

Deutsch von Michaela Meßner

ISBN 3 85418 053 5

Nicolás Gómez Dávila

AUFZEICHNUNGEN DES BESIEGTEN

Fortgesetzte Scholien zu einem inbegriffenen Text

Deutsch von Günter Maschke,
mit einem Aufsatz von Martin Mosebach

ISBN 3 85418 065 9

Nicolás Gómez Dávila

SCHOLIEN

Ein Nachtrag

72 Seiten, gebunden
ISBN 978 3 85418 160 6

Komplettierung der Scholien-Ausgaben, dazu u. a. eine Analyse der Bibliothek Dávilas